Michael Richling

Einfallsreicher Ethikunterricht Klasse 5–7

Mystery, Escape Room & Co. – mit sofort einsetzbaren Materialien Lehrplaninhalte kreativ vermitteln

„Für Nancy Dämmrich …
Danke, dass du ein Teil meines Lebens bist!“

Wir haben uns für die Schreibweise mit dem Sternchen entschieden, damit sich Frauen, Männer und alle Menschen, die sich anders bezeichnen, gleichermaßen angesprochen fühlen. Aus Gründen der besseren Lesbarkeit für die Schüler*innen verwenden wir in den Kopiervorlagen das generische Maskulinum. Bitte beachten Sie jedoch, dass wir in Fremdtexten anderer Rechtegeber*innen die Schreibweise der Originaltexte belassen mussten.

1. Auflage 2024

Autor*innen: Michael Richling
Covergestaltung: annette forsch konzeption und design, Berlin
Umschlagfoto: stockadobe.com, redchocolatte
Illustrationen: Corina Beurenmeister
Satz: Satzpunkt Ursula Ewert GmbH, Bayreuth
Druck und Bindung: Korrekt Nyomdaipari Kft.
ISBN 978-3-403-**08874**-5

www.auer-verlag.de

INHALTSVERZEICHNIS

LIEBE KOLLEG*INNEN,

der Ethikunterricht erfährt in den letzten Jahren immer mehr Zuspruch. Das liegt nicht nur an den vielen Kirchenaustritten, sondern auch an den sehr modernen und interessanten Themen. Dennoch gibt es für uns häufig Herausforderungen: teilweise jahrgangsstufenübergreifender Unterricht, am Nachmittag und heterogene Gruppen mit verschiedenen kulturellen Hintergründen.
Gerade hier bietet es sich an, neue und kreative Herangehensweisen auszuprobieren, denn nur so können die spannenden Themen des Ethikunterrichts in die Lebenswelt der Schützlinge integriert werden. Auf diese Art werden Kinderaugen weiterhin in manchen Stunden aufleuchten. Dieser Gedanke ist bei der Entstehung dieses Heftes stets im Hinterkopf.

NEUE WEGE

Das Gehen neuer Wege ist nicht immer leicht, manchmal bedarf es kleiner Vorbereitungen. Das ist hier nicht anders. Aber gerade das macht es spannend und aufregend. Gemeinsam mit den Lernenden gehen wir Lehrkräfte oft neue Pfade und lernen dabei ständig. Die hier vorgestellten neun Methoden brauchen teilweise digitale Voraussetzungen, vorkopierte oder zerschnittene Materialien und dergleichen. Aber die Vorbereitung lohnt sich, denn die Methoden zeigen erfahrungsgemäß sehr motivierende Ansätze: kreative Spiele, Mysterys, Escape-Rooms, Umweltschutzaktionen usw. machen klar, welchen Wert die Ethikgruppe an Ihrer Schule hat.

ZUR KONZEPTION

Die Themen des vorliegenden Heftes sind immer nach dem folgenden Prinzip aufgebaut:
Zu Beginn erhalten Sie alle notwendigen Informationen zur vorliegenden Einheit:

- eine Einbettung in den Lehrplan des Fachs Ethik (orientiert am bayerischen Realschullehrplan, viele Themen sind allerdings in allen Lehrplänen der Bundesländer und Schularten enthalten)
- nötiges Vorwissen in der Klasse und Hinweise darauf, wie dieses erzeugt werden kann
- kurze Hinweise zum Vorgehen in der Stunde

Der zweite Teil enthält die Kopiervorlagen für den direkten Einsatz im Unterricht. Bedenken Sie, dass die Einheiten auch mehrere Stunden umfassen können und nicht zwangsläufig in einer Unterrichtsstunde abgeschlossen sind.

Ich wünsche Ihnen und Ihrer Klasse viel Freude bei Ihrem einfallsreichen Ethikunterricht!

Herzlichst

IHR MICHAEL RICHLING

INFORMATIONEN FÜR DIE LEHRKRAFT

EINBETTUNG IN DEN LEHRPLAN:

Die Lehrpläne sehen in der fünften Jahrgangsstufe vor, dass die Klasse sich mit den fünf Sinnen des Menschen auseinandersetzt. Hier geht es darum, sich mit der eigenen Lebenswirklichkeit zu beschäftigen. Daran anknüpfend kann auch in spielerischem Maße erlebt werden, wie es wäre, einen dieser Sinne nicht zu haben.

VORBEREITUNG:

- **M1** als Einstiegsimpuls in Klassenstärke oder einmalig kopieren und mit Dokumentenkamera teilen
- **M2** mit Legespiel-Regeln und der Ethik-Quick-Aufgabe in Gruppenanzahl kopieren
- **M3** mit Legespiel-Kärtchen in Gruppenanzahl kopieren und auseinanderschneiden (evtl. für Wiederverwendung laminieren oder auf dickerem Papier ausdrucken/anbringen, sodass das Legen besser von der Hand geht)
- **Lösungskasten am Ende dieser Einführung** kann einmalig pro Gruppe ausgeteilt oder im Klassenzimmer zugänglich ausgelegt werden
- alternativ auch frontal mit der gesamten Klasse oder aber in Partner*innenarbeit spielbar, wobei die Kopienanzahl jeweils angepasst werden muss

Diese Einheit ist ein Einstieg in die Thematik. Indem zu Beginn mit dem Bildimpuls die Thematik vorausgeahnt wird, stimmt sich die Klasse auf die fünf Sinne ein.
Für Arbeitsgruppen, die besonders schnell fertig sind, eignet sich zur Differenzierung die Ethik-Quick-Aufgabe (**M2**). Sie regt dazu an, sich in die Situation eines blinden Mitmenschen zu versetzen und wird reihum gespielt. Es beginnt hier jeweils die jüngste, gefolgt von der zweitältesten Person der Gruppe und so weiter.

STUNDENABLAUF:

Zeitbedarf: mindestens zwei Unterrichtsstunden

1. Einstieg/Motivationsphase:

Die Klasse bekommt als stummen Impuls das Bild aus **M1** präsentiert. Anschließend werden im Klassenverband die Aufgaben 1–3 besprochen und überlegt, was die Gegenstände gemeinsam haben.

Mithilfe der Aufgaben 4–6 sollen weitere Beispiele genannt werden. Dabei soll das erste Mal auch ein jeweils passendes Adjektiv dazu gefunden werden. Diese entstandene Sammlung dient als Vorstufe der darauffolgenden Wortliste.

Hier werden die Adjektive nach Kategorien sortiert (Sehen, Hören, Fühlen, Riechen, Schmecken).

2. Spielphase:

M2 wird ausgeteilt und die Regeln des Legespiels werden erläutert und verinnerlicht. Auf die Ethik-Quick-Aufgabe für schnelle Gruppen wird verwiesen.

Die vorbereiteten Legespiel-Kärtchen aus **M3** werden einmal pro Gruppe ausgeteilt.

Beim Legespiel-Spielen selbst sollen die Bilder nicht nur den jeweiligen Sinnesbereichen zugeordnet, sondern auch gleich mit einem jeweils passenden Adjektiv verbunden werden. Erst dann darf die Karte gelegt werden. Die restlichen Gruppenmitglieder bewerten, ob das genannte Adjektiv zum jeweiligen Bild und der Kategorie passt. Bei Unstimmigkeiten kann die Lösung herangezogen oder die Lehrkraft gefragt werden.

Das Spiel sollte vorher einen abgesprochenen und festen Zeitrahmen haben.

Die Ethik-Quick-Aufgabe auf **M2** ist für schnelle Gruppen geeignet.

3. Feedback:

Ein Unterrichtsgespräch im Nachgang kann die Klasse für diese Problematik weiter sensibilisieren.

- *Wie könnten wir den Verlust der anderen Sinne noch erfahrbar machen?*

- *Welche Erfahrungsspiele könnten wir zu Beginn der nächsten Stunde nutzen?*
- *Was ist mit Ohrenstöpseln, Handschuhen, einer Wäscheklammer für die Nase usw. nur schwer möglich?*
- *Wie müsste unsere Schule sich verändern, damit wir alle mitnehmen können, auch wenn sie nur eingeschränkte Sinne haben?*
- *Was lässt sich durch einen kleinen Spaziergang im Schulhaus herausfinden und verbessern?*
- *Wem müssten wir Bescheid geben, damit sich am Bau etwas ändert?*
- *Was können wir selbst im Schulalltag leisten, um einen Ort des Zusammenlebens für alle zu garantieren?*

Solche Fragestellungen bzw. derartige Unterrichtsgänge machen das Erfahrene konkret und können zu einsichtigem Handeln führen und das Gefühl echter Sinnhaftigkeit erzeugen.

LÖSUNGSKASTEN:

M1 – EINSTIEGSIMPULS

1. – 5. *individuelle Lösungen*

6. Mögliche hilfreiche Adjektive für die verschiedenen Kategorien sind:

	**Hören**	laut, leise, schrill, dumpf, melodisch, rhythmisch, harmonisch, monoton, angenehm, lieblich
	**Schmecken**	süß, sauer, bitter, salzig, scharf, knusprig, fad, aromatisch, würzig, fruchtig, herb
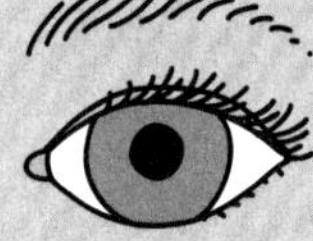	**Sehen**	hell, dunkel, bunt, farblos, lebhaft, trist, verschwommen, scharf, unscharf
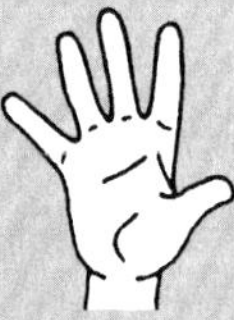	**Tasten**	rau, glatt, kalt, warm, weich, hart, stachelig, spitz, klebrig, rutschig, strukturiert
	**Riehen**	aromatisch, würzig, süßlich, blumig, fruchtig, erdig, stechend, beißend, faulig, stinkend

M1 EINSTIEGSIMPULS

1. Beschreibe, was du in diesem Bild siehst.
2. Erkläre, was man mit den abgebildeten Gegenständen machen kann.
3. Spekuliert zu zweit, was das Bild darstellen soll.
4. Schreibt zu zweit auf einen Zettel weitere Dinge aus eurem Alltag, die mit dem Hörsinn, Sehsinn, Geschmackssinn, Tastsinn oder Geruchssinn zu tun haben. Schreibt jeweils ein passendes Adjektiv (Wiewort) davor (zum Beispiel „buntes Haus“, „stinkender Hundehaufen“ usw.).
5. Sammelt in der Klasse gemeinsam mit eurer Lehrkraft eure Vorschläge.
6. Schreibt anschließend jeweils die gesammelten Adjektive für die verschiedenen Kategorien auf (zum Beispiel „Sehen: bunt, …“ oder „Riechen: stinkend, …“ usw.)

M2 SPIELANLEITUNG

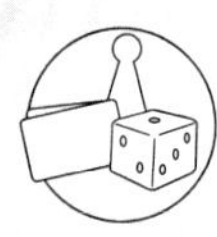

Spielmaterial:

4–5 Personen

- 17 Legespiel-Kärtchen
- Adjektiv-Sammlung aus Aufgabe 6
- evtl. Lösungskasten

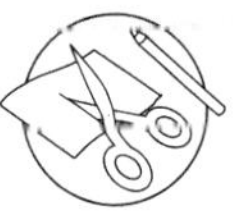

Vorbereitung:

- Alle bekommen gleich viele Legespiel-Kärtchen und halten sie verdeckt vor sich.
- Übrige Legespiel-Kärtchen werden aus dem Spiel genommen.

Spielablauf:

- Die jüngste Person fängt an und legt einen Spielstein auf den Tisch.
- Die Person, die links daneben sitzt, schaut in ihre eigenen Kärtchen an und sucht ein passendes zum Anlegen raus: Das Bild und der benannte Sinn müssen dabei zusammenpassen (zum Beispiel 💩 und „Riechen").
- Die Person legt seitlich über Eck die Karte an und nennt den Begriff zusammen mit einem passenden Adjektiv (zum Beispiel „stinkender Hundehaufen"). Die Gruppe beurteilt, ob der Begriff passt. Bitte bleibt dabei fair.
- Findet die Person keine passende Formulierung, darf sie nicht legen und die nächste Person kommt dran.
- Wenn man keine passende Karte hat, kommt im Uhrzeigersinn die nächste Person dran.
- Gewonnen hat, wer zum Schluss am wenigsten Spielkarten in der Hand hält.

ETHIK-QUICK-AUFGABE:

Experiment: Schließe oder verbinde deine Augen und …

- … leere und befülle dein Schulmäppchen.
- … hole ein bestimmtes Buch aus deinem Rucksack (zum Beispiel das Englischbuch).
- … schreibe deinen Vornamen auf ein Blatt Papier.

M3 LEGESPIEL-KÄRTCHEN

Riechen	Sehen	
Hören	Tasten	Schmecken
Riechen	Sehen	
Hören	Tasten	Schmecken
Riechen	Sehen	
Hören	Tasten	Schmecken
Riechen	Sehen	

BRETTSPIEL: FESTE UND RITEN (KL. 5)

INFORMATIONEN FÜR DIE LEHRKRAFT

EINBETTUNG IN DEN LEHRPLAN:

Die Lehrpläne sehen in der fünften Jahrgangsstufe unter anderem vor, dass sich die Klasse mit Festen und Riten in Religion und Brauchtum auseinandersetzt. Die Lernenden sollen Verständnis für Rituale und Ordnungen zeigen und das Zusammenleben miteinander dementsprechend gestalten. Eine Kompetenzerwartung lautet dabei, dass sie sich der Bedeutung von Festen in ihrem Leben bewusst sind. Dies soll mit dieser Einheit angebahnt werden.

VORBEREITUNG:

- **M1** mit der Puzzle-Anleitung und **M2** mit den Puzzleteilen und Streifen in Klassenstärke kopieren
- zusätzlich drei leere DIN A4-Blätter pro Kind vorbereiten (oder Ethikhefte zum Einkleben nutzen)
- **M3** mit der Brettspiel-Anleitung und **M4** mit dem Spielplan in Gruppenanzahl kopieren (letzteres evtl. für Wiederverwendung laminieren)
- **M5** mit den Spielkarten in Gruppenanzahl kopieren und ausschneiden (evtl. für Wiederverwendung laminieren oder auf dickerem Papier ausdrucken/anbringen, sodass das Legen besser von der Hand geht)
- **Lösungskasten am Ende dieser Einführung** mit fertigen Puzzles in Gruppenanzahl kopieren (evtl. für Wiederverwendung laminieren)
- für alle Spielenden einen Würfel mitbringen bzw. mitbringen lassen

Diese Einheit soll als Einstieg in die Thematik verstanden werden. Generell aber sollten die Begriffe Judentum, Christentum und Islam bekannt sein. Ein Stuhlkreis, in dem die Lernenden frei ihre ihnen bekannten Feste benennen, kann diesem Spiel vorgeschoben werden. Der Ethikgruppe muss lediglich bewusst sein, dass es in dieser Einheit exemplarisch um Feste und Riten aus diesen Religionen geht. Einige Fakten zu einzelnen Feiertagen werden hier geliefert: Judentum, Christentum und Islam werden dementsprechend beispielhaft vorgestellt. Mit Erlebnissen aus dem heutigen Alltag soll lebendig erzählt werden. Tiefergehende Informationen hinsichtlich geschichtlicher Entwicklungen finden sich oft in den Lehrbüchern.

STUNDENABLAUF:

Zeitbedarf: mindestens zwei Unterrichtsstunden

1. **Einstieg/Motivationsphase:**

   Die Lernenden schneiden in Einzelarbeit die Puzzleteile aus, setzen die einzelnen Bilder zusammen und legen die Informationen richtig an die Bilder.

   Gemeinsam werden die Inhalte in einem Gespräch zwischen Ihnen und den Lernenden wiederholt und durch Einkleben auf ein Blatt oder ins Heft gesichert.

2. **Spielphase:**

   Danach erfolgt das Spielen des Brettspiels, entweder als 5-, 10- oder 15-Minuten-Variante. Das jüngste Gruppenmitglied beginnt. Es wird im Uhrzeigersinn gespielt. Manche Karten enthalten Fragen, deren Lösungen sich auf den Frage-Karten selbst befinden. Die Spielkarten liegen verdeckt vor den Spielenden. Eine Spielkarte wird von der Person links von dem*der Spielenden aufgedeckt, vorgelesen und – im Falle einer Frage – kontrolliert. Wer am Ende der Zeit am weitesten gekommen ist, hat gewonnen.

   Variante:

   Als mögliche Differenzierung kann pro Gruppe kommuniziert werden, ob beim Brettspiel die zuvor gelösten Puzzle eingesehen werden dürfen, um die Frage-Karten zu beantworten.

3. **Feedback:**

   Optional erfolgt eine Nachbesprechung durch die Impulssätze „Das habe ich mir behalten …“ und/oder „Das fand ich interessant …“. Diese Aussagen können in Form eines Tafelbildes gesammelt werden.

LÖSUNGSKASTEN:

M1/M2 – EIN PUZZLE DER FESTE

Wo auch immer Platz ist, werden zum Laubhüttenfest mit Ästen, Matten oder Zweigen gedeckte Hütten unter freiem Himmel aufgestellt. Man soll nämlich durch das Dach zu den Sternen sehen können.

Das Sukkotfest dauert sieben Tage, wobei bereits am letzten Abend freudig getanzt wird, weil danach das jüdische Freudenfest beginnt.

B1

A1

C1

D1

Diese sollen daran erinnern, dass die Israeliten damals beim Auszug aus Ägypten in solchen Hütten wohnen mussten.

©Alrandir – stock.adobe.com

Während Sukkot ist eine besondere Art der Zitrone sehr wichtig, sie heißt Etrog. Jeder Jude sollte einen solche besitzen, deshalb sind diese Früchte teilweise vor dem Fest besonders teuer.

Frauen, die Kinder stillen, Schwangere, oder Kranke müssen nicht fasten, sie sollen diese versäumten Tage falls möglich nachholen. Erst ab der Pubertät muss gefastet werden.

Der Ramadan bedeutet übersetzt „heißer Monat" und ist der Fastenmonat der Muslime.

Das Fasten beginnt bei Morgendämmerung und endet zum Sonnenuntergang. Vor der Morgendämmerung nehmen die Fastenden noch ein kurzes Mahl ein. Auf das Essen am Abend freut sich immer jeder besonders.

©Africa Studio – stock.adobe.com

Auch auf Zigaretten und auf Wasser soll während der Fastenzeit verzichtet werden.

Die ersten Christen haben das Weihnachtsfest gar nicht gefeiert, es entstand über 300 Jahre nach Christus.

Der Weihnachtsfestkreis ist nach dem Osterfestkreis die größte zusammenhängende Zeit im christlichen Kirchenjahr.

Der Weihnachtsfestkreis umfasst die vier Adventssonntage, den Weihnachtstag mit den Tagen danach und endet mit dem Sonntag nach dem 06. Januar. Er endet also nicht mit dem 2. Weihnachtsfeiertag.

©Martin – stock.adobe.com

Manche sehen in der Tatsache, dass Jesus als Kind ärmlich in einer Krippe für Tiere lag, einen Hinweis darauf, dass er auch später als ein niedrig Gestandener am Kreuz sterben wird.

M1 EIN PUZZLE DER FESTE – EINSTIEGSIMPULS

Anleitung:

1. Schneide die Puzzleteile aus und setze sie zu drei einzelnen Bildern zusammen. Jedes Bild zeigt ein anderes religiöses Fest.
2. Klebe jedes Bild mittig auf ein eigenes leeres Blatt Papier oder in dein Ethikheft.
3. Schneide dann die dazugehörigen Informationsstreifen aus und klebe sie wie folgt an das dazugehörige Bild:

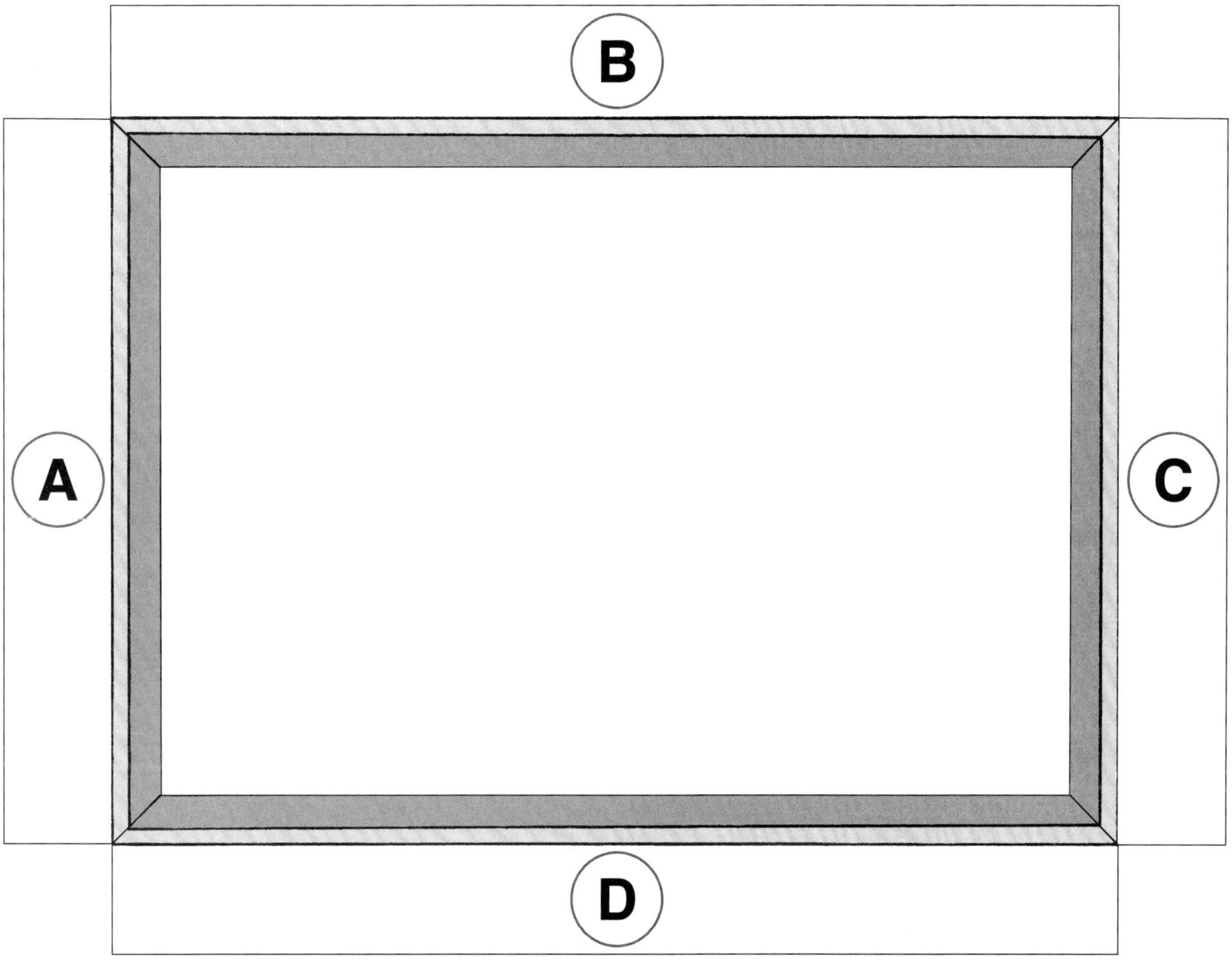

B

A

C

D

Für Schnelle: Male die Informationen zu den Bildern farbig an, zum Beispiel mit Buntstiften.

M2 EIN PUZZLE DER FESTE – PUZZLESTÜCKE UND INFORMATIONSSTREIFEN

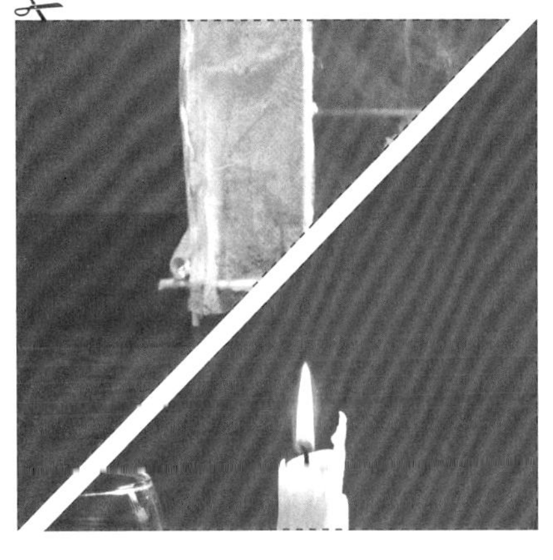

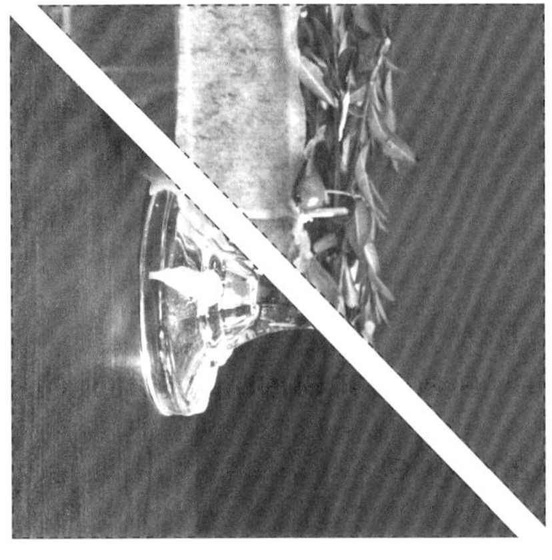

©Alrandir – stock.adobe.com

©Africa Studio – stock.adobe.com

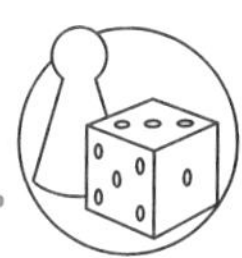

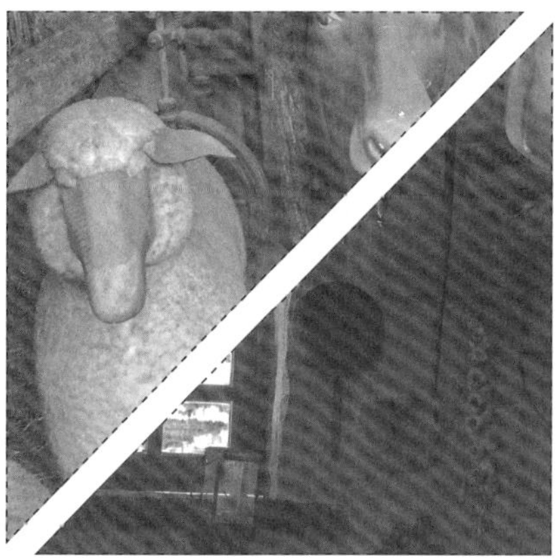

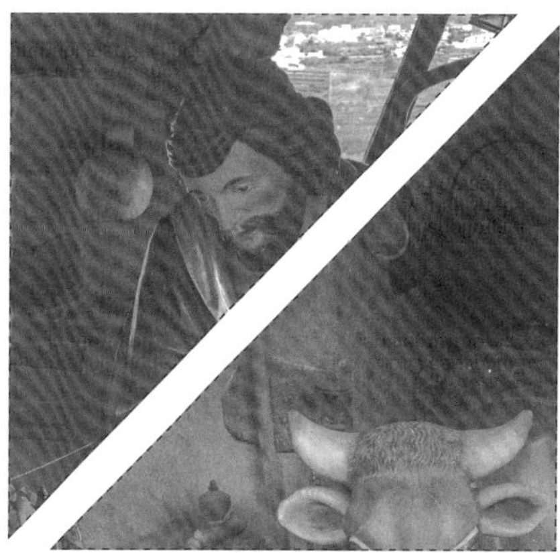

1. SUKKOT – DAS LAUBHÜTTENFEST

A1

Das Sukkotfest dauert sieben Tage, wobei bereits am letzten Abend freudig getanzt wird, weil danach das jüdische Freudenfest beginnt.

Wo auch immer Platz ist, werden zum Laubhüttenfest mit Ästen, Matten oder Zweigen gedeckte Hütten unter freiem Himmel aufgestellt. Man soll nämlich durch das Dach zu den Sternen sehen können.

B1

C1

Diese sollen daran erinnern, dass die Israeliten damals beim Auszug aus Ägypten in solchen Hütten wohnen mussten.

Während Sukkot ist eine besondere Art der Zitrone sehr wichtig, sie heißt Etrog. Jeder Jude sollte einen solche besitzen, deshalb sind diese Früchte teilweise vor dem Fest besonders teuer.

D1

2. RAMADAN – DER FASTENMONAT

A2

Der Ramadan bedeutet übersetzt „heißer Monat" und ist der Fastenmonat der Muslime.

Frauen, die Kinder stillen, Schwangere, oder Kranke müssen nicht fasten, sie sollen diese versäumten Tage falls möglich nachholen. Erst ab der Pubertät muss gefastet werden.

B2

C2

Das Fasten beginnt bei Morgendämmerung und endet zum Sonnenuntergang. Vor der Morgendämmerung nehmen die Fastenden noch ein kurzes Mahl ein. Auf das Essen am Abend freut sich immer jeder besonders.

Auch auf Zigaretten und auf Wasser soll während der Fastenzeit verzichtet werden.

D2

3. DER WEIHNACHTSFESTKREIS – DER ABSCHLUSS DES KIRCHENJAHRES

A3

Der Weihnachtsfestkreis ist nach dem Osterfestkreis die größte zusammenhängende Zeit im christlichen Kirchenjahr.

Die ersten Christen haben das Weihnachtsfest gar nicht gefeiert, es entstand über 300 Jahre nach Christus.

B3

C3

Der Weihnachtsfestkreis umfasst die vier Adventssonntage, den Weihnachtstag mit den Tagen danach und endet mit dem Sonntag nach dem 06. Januar. Er endet also nicht mit dem 2. Weihnachtsfeiertag.

Manche sehen in der Tatsache, dass Jesus als Kind ärmlich in einer Krippe für Tiere lag, einen Hinweis darauf, dass er auch später als ein niedrig Gestandener am Kreuz sterben wird.

D3

M3 EIN BRETTSPIEL ZU FESTEN – ANLEITUNG

Spielmaterial:

2–4 Personen

- Spielplan
- 18 Spielkarten
- 1 Würfel
- 1 Spielfigur pro Spieler

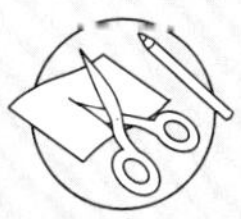

Vorbereitung:

- Die Spielkarten werden verdeckt auf dem Spielplan platziert.
- Alle stellen ihre Spielfigur auf das Startfeld.

Spielablauf:

- Die jüngste Person fängt an, würfelt und bewegt seine Spielfigur um die gewürfelte Augenzahl nach vorne.
- Kommt man auf einem Kartenfeld zum Stehen, zieht die Person links vom Spieler die oberste Spielkarte und liest diese laut vor.
- Der Spieler führt entweder die beschriebene Aktion aus oder muss die gestellte Frage beantworten.
- Bei einer Frage kontrolliert die Person links vom Spieler die Antwort mit der Angabe auf der Spielkarte.
- Wer auf einem Leiterfeld zum Stehen kommt, muss sie entweder hinauf- oder hinuntersteigen. Wenn die Spielfigur laut einer Karte auf ein anderes Feld gezogen werden muss, dann gelten Leitern nicht.
- Wer als erstes im Ziel ankommt, hat gewonnen.

M4 EIN BRETTSPIEL ZU FESTEN – SPIELPLAN

START ZIEL

M5 EIN BRETTSPIEL ZU FESTEN – SPIELKARTEN

Dein kleiner Bruder hat euren Etrog fallenlassen, es entsteht Chaos. Gehe ein Feld zurück.

Der Etrog ist während des Laubhüttenfestes im Judentum eine besondere Art von …?
Bei einer richtigen Antwort darfst du noch einmal würfeln.

Zitrone

Dein Essen zum Laubhüttenfest – auch eine Art Erntedankfest – war sehr lecker.
Gehe zwei Felder vor.

Wie heiβt das Laubhüttenfest auf Jüdisch?
Bei einer richtigen Antwort darfst du noch einmal würfeln.

Sukkot

Durch die Laubhütte, die ihr für das Fest gebaut habt, kann man die Sterne sehen. Ist das gut?
Bei einer richtigen Antwort darfst du ein Feld vorrücken.

ja

Eure Laubhütte im Garten ist besonders gelungen.
Gehe zwei Felder vor.

Du bist krank und musst während des Ramadans Tee trinken, es geht nicht anders. Die fehlenden Fastentage musst du nachholen.
Gehe zwei Felder zurück.

Deine kleine Schwester ist fünf Jahre alt. Muss sie noch nicht an Ramadan fasten? Stimmt das?
Bei einer richtigen Antwort darfst du ein Feld vorrücken.

richtig

Du hast deinem muslimischen Freund ein Snickers angeboten, dabei ist Ramadan, blöder Fehler.
Gehe zwei Felder zurück.

Nenne einen Personenkreis, der an Ramadan nicht fasten muss. Bei einer richtigen Antwort darfst du noch einmal würfeln.

Kranke, Schwangere, Jugendliche, Stillende

Es ist der letzte Tag deines Ramadans, ab morgen darfst du wieder den ganzen Tag essen. Gehe zwei Felder vor.

Wann darf man während des Ramadans essen? Bei einer richtigen Antwort darfst du noch einmal würfeln.

nach Sonnenuntergang und vor Sonnenaufgang

Du hast leider einen Schnupfen, verpasst die Probe für das Adventssingen und musst das Üben nachholen. Gehe zwei Felder zurück.

Endet der Weihnachtsfestkreis am 27. Dezember? Bei einer richtigen Antwort darfst du ein Feld vorrücken.

nein

Du hast dich an einer Adventskerze verbrannt und brauchst ein Pflaster. Gehe zwei Felder zurück.

Wie heißt der wichtigste Festkreis des Christentums, der die größte zusammenhängende Zeit im christlichen Kirchenjahr darstellt? Bei einer richtigen Antwort darfst du noch einmal würfeln.

Osterfestkreis

Der Kindergottesdienst am Heiligen Abend war wundervoll, du hast beim Krippenspiel deine Hauptrolle grandios gespielt. Gehe zwei Felder vor.

Seit ungefähr welchem Jahr feierten Christen in etwa Weihnachten?

erst über 300 Jahre nach Christus

INFORMATIONEN FÜR DIE LEHRKRAFT

EINBETTUNG IN DEN LEHRPLAN:

Die Lehrpläne sehen in der siebten und achten Jahrgangsstufe unter anderem vor, dass sich die Lernenden für andere einsetzen. Hierbei gilt es, erst einmal zu verstehen, welche Formen von Hilfsbedürftigkeit es gibt und auf welche Arten soziales Engagement erfolgen kann. Eine Kompetenzerwartung lautet dabei, dass sie die Bedürfnisse anderer Menschen erkennen und konkrete Möglichkeiten ermessen, wie sie im eigenen Lebensumfeld Hilfe leisten können. Dies soll mit dieser Einheit angebahnt werden.

VORBEREITUNG:

- **M1** mit der Einstiegsgeschichte und der Anleitung in Klassenstärke kopieren
- pro Gruppe ein leeres DIN-A3-Blatt (oder größer) zum Legen der Kärtchen bereitstellen
- **M2** mit den Mystery-Basiskärtchen und **M3** mit den Mystery-Erweiterungskärtchen in Gruppenanzahl kopieren und ausschneiden (evtl. für Wiederverwendung laminieren oder auf dickerem Papier ausdrucken/anbringen, sodass das Legen besser von der Hand geht)
- **Lösungskasten an Ende dieser Einführung** mit möglichem Strukturdiagramm für das Mystery in Gruppenzahl kopieren (evtl. für Wiederverwendung laminieren)

Diese Einheit ist ein Einstieg in die Thematik. Hier werden die verschiedenen Formen von Hilfsbedürftigkeit nähergebracht, seien diese nun monetärer oder anderer Natur. Die Rahmenhandlung stellt den Bezug zur Lebenswelt der Lernenden her: Frank und Alia antworten nicht auf Noahs Nachrichten. Sie geben nur kurz bekannt, dass sie diese Woche für keine Party und keinen Einkauf zur Verfügung stehen. Noah ist ratlos und gibt dies auch im Gruppenchat zu verstehen. Er stellt sich somit die Frage, wieso seine besten Freunde diese Woche für den Freundeskreis nicht zur Verfügung stehen. Immerhin sind ja Ferien und es gibt nichts zu lernen für die Schule.
Für Arbeitsgruppen, die besonders schnell mit dem Mystery fertig sind, eignet sich zur Differenzierung die Ethik-Quick-Aufgabe. Sie regt zum Nachdenken über ein moralisches Dilemma an. Generell hilfreich für das Bearbeiten von Mysterys sind ein gutes Abstraktionsvermögen, Leseverständnis, Konzentration und Kenntnisse im Bereich der Plakatgestaltung sowie ein Verständnis davon, wie Strukturhilfen auf diesen Übersicht erzeugen können. Ein Unterrichtsgespräch im Nachgang kann die Lernenden für diese Problematik weiter sensibilisieren. So ist es möglich, auch die eigene Schule als Ort des Zusammenseins zu analysieren: Gibt es auch hier Hilfsbedürftigkeit? Welche Hilfsangebote gibt es an der eigenen Schule? Wie können alle integriert werden? Was muss noch geschehen, damit zum Beispiel gehbeeinträchtigte Mitschüler*innen ohne Probleme am Schulalltag teilhaben können?

STUNDENABLAUF:

Zeitbedarf: mindestens drei Unterrichtsstunden

1. **Einstieg/Motivationsphase:**

   Die Lernenden sitzen an ihren Gruppentischen und bekommen die Einstiegsgeschichte zusammen mit der Anleitung zur Spurensicherung vorgelegt. Im Klassenverband werden die Geschichte und das Vorgehen vorgelesen und besprochen.

2. **Spielphase:**

   Die Gruppen bekommen das leere A3-Blatt und im Anschluss daran die ausgeschnittenen Kärtchen.

   Zuerst sollten diese reihum gelesen werden, sodass alle Teammitglieder sich einen Überblick verschaffen können.

   Mithilfe der Leitfrage (welche oben auf das leere Blatt geschrieben wird) und der Hilfsfragen der Anleitung kann nun gemeinsam eine Lösung gefunden werden.

   Schnelle Gruppen können die Ethik-Quick-Aufgabe bearbeiten.

Zum Schluss wird das Ergebnis mit der Lösung verglichen und das eigene Plakat ins Heft übertragen oder ein schön gestaltetes Muster, ein Foto vom eigenen Plakat oder die Lösungsabbildung als (verkleinerte) Kopie an die Klasse verteilt.

3. Feedback:

Optional erfolgt eine Nachbesprechung durch die Impulssätze „Das habe ich behalten …“ und/oder „Das fand ich interessant“. Diese Aussagen können in Form eines Tafelbildes gesammelt werden.

LÖSUNGSKASTEN:

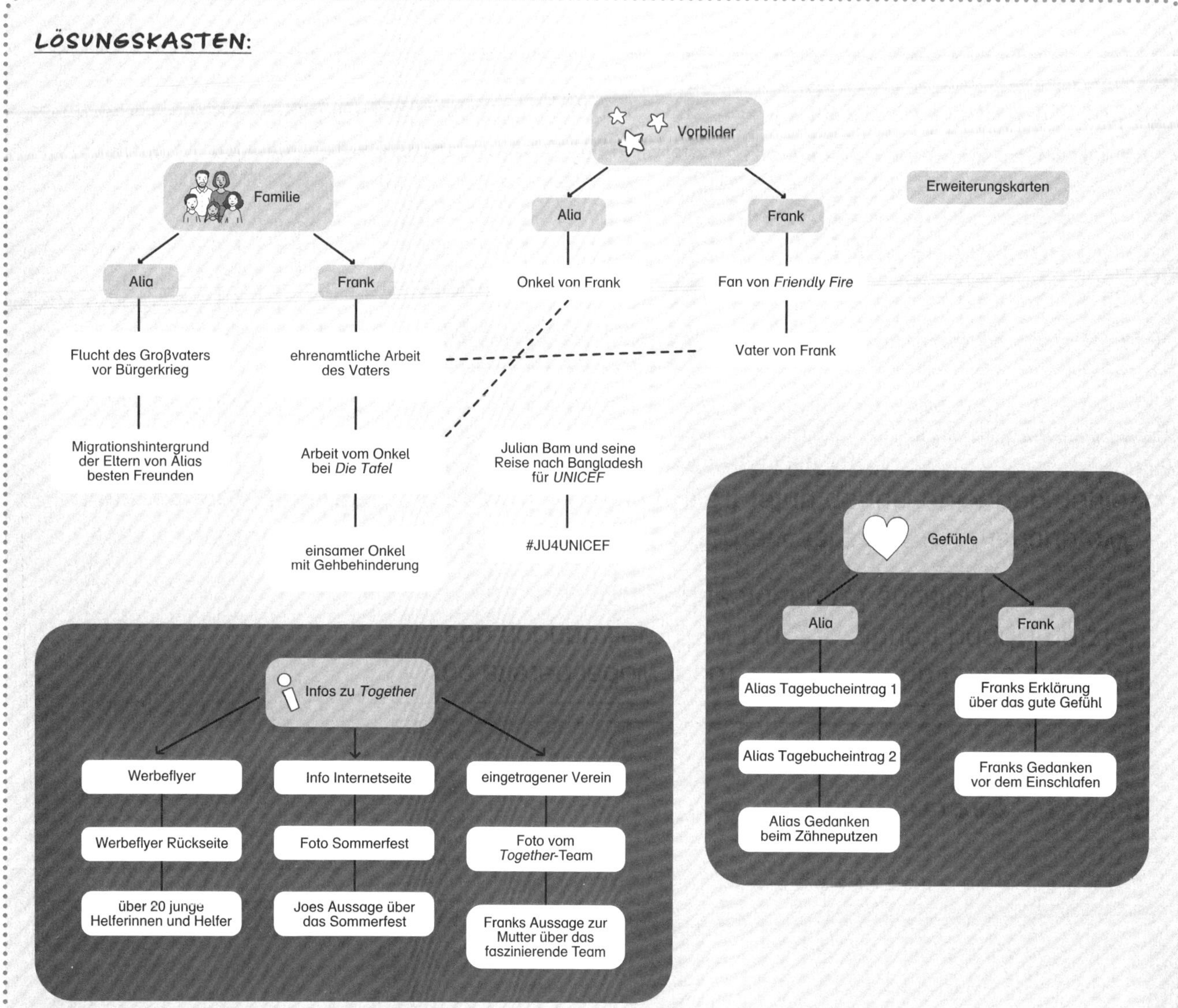

Lösung der Leitfrage:
Alia und Frank sind bei *Together* tätig, einem eingetragenen Verein, der sich dafür einsetzt, dass Menschen jeden Alters weniger einsam sind. Sie tun dies, weil sie einen wohltätigen Einsatz bereits in ihren Familien zu schätzen wussten, da ihnen das Gefühl zu helfen gefällt und weil ihre Vorbilder ebenfalls sozial engagiert sind. Außerdem mögen Alia und Frank einander, vor allem in der spannenden Gruppe von *Together*.

M1 EINSTIEGSGESCHICHTE

Ratlos sitzt Noah vor seinem Handy. Die beiden haben noch nie so langsam geantwortet. Und vor allem das mitten in den Ferien. Zu lernen ist also eigentlich nichts und im Urlaub sind die beiden auch nicht. „Was das wohl mit den beiden ist? Warum können sie nicht?“, spricht der beste Freund der beiden grübelnd leise vor sich hin.

Leitfrage: Wieso haben Alia und Frank keine Zeit für das Shopping-Center?

Anleitung zur Spurensicherung

1. Lest die Kärtchen genau.
2. Sortiert die Kärtchen nach ihren Informationen. Dafür müsst ihr wie ein Detektiv die wichtigen Informationen auf den Kärtchen herausfinden.

   Folgende Fragen können euch helfen:
   - Welche Kärtchen verraten etwas über die Familien von Alia und Frank?
   - Welche Kärtchen enthalten Informationen über Alias und Franks Vorbilder?
   - Welche Kärtchen geben Auskunft darüber, wie sich beide fühlen?
   - Welche Kärtchen informieren über *Together*?
3. Ihr habt nun viele Hinweise, die ihr in detektivischer Arbeit zusammenfügen müsst, um die Leitfrage zu beantworten. Notiert die Leitfrage auf dem Plakat und diskutiert.
4. Legt die Kärtchen so auf das Plakat, dass die Antwort auf die Frage nachvollziehbar wird. Ihr dürft dabei Figuren, Formen (Pfeile, Kreise, Klammern, …) oder Beschriftungen hinzufügen.
5. Wenn ihr mit eurer Lösung zufrieden seid, klebt die Kärtchen in sinnvoller Anordnung auf das Plakat. Notiert auch die Antwort auf die Leitfrage und eure Namen auf dem Plakat.

ETHIK-QUICK-AUFGABE:

Überlege dir: Handelst du moralisch immer gut, wenn du einem Bettelnden Geld gibst, oder gibt es auch moralisch wertvollere Handlungen in diesem Zusammenhang?

M2 MYSTERY-BASISKÄRTCHEN

BK

Alias Großvater musste mit seiner Familie vor einem Bürgerkrieg fliehen und hatte als Flüchtling wenig Unterstützung in Deutschland.

BK

Franks Vater arbeitet ehrenamtlich als Sozialarbeiter in einer Wohngruppe für Menschen mit psychischer Beeinträchtigung.

BK

Die Mutter von Frank hat einen einsamen Onkel mit Gehbehinderung in München.

BK

Viele Eltern von Alias besten Freunden kommen ursprünglich nicht aus Deutschland.

Franks Onkel arbeitet am Wochenende beim Verein *die Tafel*.

BK

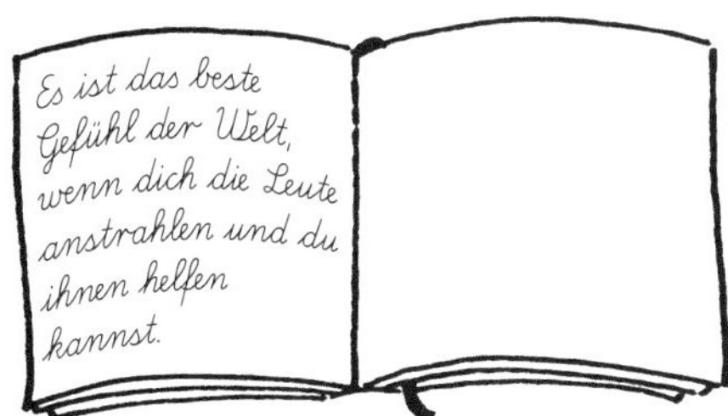

(Eintrag aus Alias Tagebuch)

BK

Franks Vater ist sein großes Vorbild.

Julien Bams Reise in die Slums von Bangladesh hat Alia tief beeindruckt. Sie vergöttert den Influencer nun noch mehr.

BK

#JU4UNICEF

BK

Alia hat den Onkel von Frank einmal kennengelernt. Seine Geschichten über die Tafel vor Ort haben ihn für sie zu einem Vorbild ihrer Stadt gemacht.

BK

Frank ist ein großer Fan des jährlichen Charity-Livestreams *Friendly Fire* auf YouTube und feiert seine Helden dort jedes Jahr.

BK

„Ich möchte einfach etwas zurückgeben und den Leuten helfen, das bringt mir auch was, sowas wie … einfach ein gutes Gefühl."

(Frank über seinen Einsatz bei *Together* gegenüber seiner Mutter)

BK

Ich bin zwar hundemüde abends, aber unglaublich glücklich.

(Tagebucheintrag von Alia)

BK

„Wir zwei arbeiten gut zusammen und ich finde, dass Alia echt süß ist, wenn sie anderen hilft. Sie ist so anders als die anderen Mädchen in der Schule."

(Franks letzte Gedanken vor dem Einschlafen)

BK

„Wahnsinn, wie Frank gestern angepackt hat und dann noch ganz in Ruhe mit den Kindern spazieren gegangen ist."

(Alias Gedanken morgens beim Zähneputzen)

BK

Together ist ein eingetragener Verein.

BK

Bist du allein? Einsam? Suchst du jemanden zum Reden oder Spielen?

KOMM ZU UNS!

KOMM ZU TOGETHER!

(Werbeflyer in Franks Briefkasten)

BK

Together ist mehr als eine Gemeinschaft. Hier kommen Senioren und Junge zusammen, Leute mit Handycap und gutem Herzen.

(Erklärung auf der Internetseite von *Together*)

BK

Wenn du anderen Menschen helfen willst, nicht mehr einsam zu sein – besonders nach der Coronazeit – komm zu einem unserer Treffen und lerne unsere Gruppe kennen.

(Rückseite des Werbeflyers aus Franks Briefkasten)

BK

„Unser Team richtet einmal im Jahr ein Sommerfest aus, bei dem alle kommen können. Du als Helfer darfst natürlich kostenlos essen und trinken an dem Tag."

(Joe von *Together* zu Alia bei ihrem ersten Kennenlernen)

BK

„Da sind voll viele coole Leute im Team, Mama! Das ist so krass, wie die helfen. Und die sind noch total jung!"

(Frank zu seiner Mutter, als sie fragt, was *Together* ist)

BK

©Alessandro Biascioli – stock.adobe.com

(ein Teil des Teams von *Together*)

BK

©Alessandro Biascioli – stock.adobe.com

(Foto der letzten Sommerfeier von *Together*)

BK

Bei *Together* helfen insgesamt über 20 Menschen zwischen 16 und 21 Jahren.

MYSTERY: HILFSBEDÜRFTIGKEIT UND SOZ. ENGAGEMENT

M3 MYSTERY-ERWEITERUNGSKÄRTCHEN

EK

Unter sozialem Engagement versteht man ein soziales Handeln, das oft ehrenamtlich und freiwillig ist. Hierbei wird Zeit, oft auch Geld investiert, um anderen zu helfen.

EK

Ein eingetragener Verein (e. V.) ist eine Gruppe (offiziell Versammlung) von Personen, die ein gemeinsames Interesse haben.

EK

Eingetragene Vereine (e. V.) haben im Kern einen ideellen Zweck, das heißt, dass sie keinen wirtschaftlichen Zweck haben.

EK

Unter einem ideellen Zweck versteht man zum Beispiel wissenschaftliche, künstlerische, sportliche, wohltätige, gesellige, religiöse oder ähnliche nicht wirtschaftliche Zwecke.

INFORMATIONEN FÜR DIE LEHRKRAFT

EINBETTUNG IN DEN LEHRPLAN:

In der fünften Jahrgangsstufe ist unter anderem vorgesehen, dass sich die Lernenden mit je einem bedeutsamen Fest im Judentum, Christentum und Islam auseinandersetzen. Hierbei setzen sie typische Feste daraus mit ihrem religiösen Ursprung in Beziehung und respektieren aufgrund dessen ihre Bedeutsamkeit im Leben der Gläubigen. So sollen sie auch Verständnis für Rituale und Ordnungen zeigen und ihr Zusammenleben mit anderen dementsprechend gestalten. Eine erste Begegnung und Auseinandersetzung mit dem Pessachfest im Judentum soll mit dieser Einheit angebahnt werden.

VORBEREITUNG:

- **M1** als Einstiegsimpuls einmal kopieren oder digital zeigen
- **M2** mit Informationstext für einen Escape-Room in Gruppenanzahl kopieren
- digitale Endgeräte und Kopfhörer in Gruppenanzahl zur Verfügung stellen
- **M3** mit Anwendungsaufgaben in Gruppenzahl kopieren

Diese Einheit ist ein Einstieg in die Thematik. Hier werden auf verschiedenen Kanälen – visuell, auditiv und audiovisuell – Informationen zum Pessachfest gegeben. Mittels verschiedener nacheinander abzuarbeitender Aufgaben sammeln die Gruppen Details zu dem beliebten Fest des Judentums. Durch das Lösen der verschiedenen Aufgaben sammeln die Gruppen Teillösungen, die sie dann am Ende bei der letzten Station eingeben müssen.
Für Arbeitsgruppen, die besonders schnell damit fertig sind, eignet sich zur Differenzierung die Anwendungsaufgabe. Generell hilfreich für das Bearbeiten von digitalen Escape-Rooms sind Neugier, Geduld und das Wissen darum, dass nicht immer alles sofort gelingen wird. Am wahrscheinlichsten ist eine gelingende Bearbeitung der Aufgaben, wenn Computer, Laptops oder leistungsstarke Tablets vorhanden sind. Mobiltelefone sind keine guten Arbeitsgeräte in diesem Fall.
Eine produktorientierte Herangehensweise im Nachgang bietet sich an, sei es das Erstellen eines Lexikoneintrags, eines Lapbooks oder eines gesprochenen Informationstextes. Prinzipiell wäre auch ein kurzes Erklärvideo möglich, allerdings erst gegen Ende des Schuljahres oder in späteren Jahrgangsstufen, da dies extrem aufwändig ist.

STUNDENABLAUF:

Zeitbedarf: mindestens eine Unterrichtsstunde

1. Einstieg/Motivationsphase:

Die Lernenden bekommen den Impuls aus **M1** still präsentiert und reagieren darauf, indem sie beschreiben, was sie sehen. Im Klassenverband werden dann auch Erwartungen und Spekulationen geäußert.

2. Spielphase:

Nun sollen sich die Lernenden in Dreier- bis Fünfergruppen zusammensetzen.

Im Klassenverband wird im Anschluss daran die Situation präsentiert und die Datei aus der ersten Aufgabe vorgespielt.

Mithilfe der Informationen aus **M2**, wird erklärt, wie ein Escape-Room abläuft und worauf es bei der Lösung der digitalen Aufgaben ankommt.

Schnelle Gruppen können die Anwendungsaufgaben von **M3** bearbeiten.

Variation:

Mittels produktorientierter Methoden kann das Erlernte im Anschluss an die Einheit angewendet werden.

3. **Feedback:**

Zum Schluss gibt jedes Kind ein Feedback, auch, um sich selbst einschätzen zu können

LÖSUNGSKASTEN:

M2 – HINWEISE ZUM LÖSEN EINES ESCAPE-ROOMS

2. **Aufgabe 1:** eine unbekannte Sprachnachricht — Pessachfest

Aufgabe 2: ein Text zum Pessachfest — Moses

Aufgabe 3: ein Wortfindespiel zum Pessachfest — Matze

Aufgabe 4: ein Informationsvideo zum Pessachfest — Tür

Aufgabe 5: ein Wettspiel gegen den Computer — Freiheit

M3 – ANWENDUNGSAUFGABEN

1.

Name: *Pessachfest*

weitere Namen: *Fest der* *Freiheit*, *Fest der* *ungesäuerten* *Brote*

Dauer des Festes: *7* *Tage*

„Pessach“ kommt eigentlich vom hebräischen Wort für: *„verschonen“.*

In diesen Monaten wird Pessach gefeiert: *März* *oder* *April*

Dieses Fest der Christen findet zur gleichen Zeit statt: *Ostern*

Darum feiern die Juden das Fest: *Erinnerung an* *Flucht / Auszug aus Ägypten / Befreiung durch Gott*

Name des Anführers der Israeliten: *Moses*

2. *individuelle Lösung*

M1 EINSTIEGSIMPULS

Eines Morgens erhältst du eine seltsame Sprachnachricht. Da muss sich eine Unbekannte vertan haben. Denn diese Nachricht ist bestimmt nicht für dich bestimmt. Trotzdem findest du sie interessant und folgst neugierig dem nächsten Hinweis.

Hintergrund: © guteksk7/Shutterstock.com, Handymessenger: © Vitya_M/Shutterstock.com, Sprachnachricht: © Avector/Shutterstock.com, Text: M. Richling

M2 HINWEISE ZUM LÖSEN EINES ESCAPE-ROOMS

Anleitung zur Lösung eines digitalen Escape-Rooms

- Einen Escape-Room kennst du vielleicht schon aus Erzählungen. Hier werden Freiwillige in einen Rätselraum eingesperrt. Wenn sie das Rätsel innerhalb einer vorgegebenen Zeit lösen, dann werden sie aus dem Raum entlassen und können sich feiern. Falls sie es nicht schaffen, kommen sie zwar auch aus dem Raum, aber sie haben eine herbe Enttäuschung erlitten. Trotzdem wissen sie einiges mehr: Sie kennen die Gruppe, mit der sie gerätselt haben, besser und wissen, was sie beim nächsten Mal vielleicht verbessern können, damit sie rechtzeitig fertig werden.
- Ihr löst in den kommenden zwei Schulstunden nun auch einen solchen Escape-Room, aber dieser ist nur digital. Niemand sperrt euch ein. Dennoch löst ihr gemeinsam die Rätsel und Aufgabenstellungen.
- Für jede gelöste Aufgabe erhaltet ihr ein Lösungswort, dass ihr euch für später notieren müsst
- Passt gut auf und verschreibt euch nicht beim Notieren der Wörter, sonst kommt ihr nicht auf die richtige Lösung.
- Welche Gruppe ist am Ende am schnellsten?

1. Scannt den QR-Code (oder geht auf folgende Seite: https://learningapps.org/watch?v=pc28f5ewj24). Nutzt dazu ein Tablet oder einen Computer, denn das Handy ist leider in diesem Fall keine gute Idee.

2. Löst die Rätsel und notiert hier die Lösungswörter:

Aufgabe 1: eine unbekannte Sprachnachricht ____________________

Aufgabe 2: ein Text zum Pessachfest ____________________

Aufgabe 3: ein Wortfindespiel zum Pessachfest ____________________

Aufgabe 4: ein Informationsvideo zum Pessachfest ____________________

Aufgabe 5: ein Wettspiel gegen den Computer ____________________

3. Wenn ihr fertig seid, dann meldet das Passwort im Flüsterton eurer Lehrkraft. Leise, damit die anderen nichts mitbekommen ☺.

M3 ANWENDUNGSAUFGABEN

1. Füllt gemeinsam den folgenden Informationszettel zum Pessachfest aus:

Name: *Pessachfest*

weitere Namen: *Fest der* ________________, *Fest der un*________________ *Brote*

Dauer des Festes: ____ *Tage*

„Pessach" kommt eigentlich vom hebräischen Wort für: *„ver*________________________*"*.

In diesen Monaten wird Pessach gefeiert: *M*________________ *oder A*__________________

Dieses Fest der Christen findet zur gleichen Zeit statt: __________________________

Darum feiern die Juden das Fest: *Erinnerung an* ______________________________________

Name des Anführers der Israeliten: ____

2. Sucht euch eine der folgenden Aufgaben aus und bearbeitet sie gemeinsam.

- ☐ Erstellt gemeinsam einen kurzen Eintrag für ein Online-Lexikon über das Pessachfest.
- ☐ Erstellt gemeinsam ein Lapbook mithilfe der Informationen über das Pessachfest.
- ☐ Erstellt gemeinsam einen Audiotext über das Pessachfest für ein Jugend-Online-Lexikon.

INFORMATIONEN FÜR DIE LEHRKRAFT

EINBETTUNG IN DEN LEHRPLAN:

In der sechsten Jahrgangsstufe ist unter anderem vorgesehen, dass die Lernenden ihre persönlichen Vorlieben und Gewohnheiten im Rahmen des Medienkonsums erfassen und begründen. Auch ob und inwiefern diese zuträglich sind, wird dabei eingeschätzt. Und obwohl digitale Medien zweifelsfrei sehr nützlich sind, können schnell auch Probleme entstehen. Denn die Gefährdung durch schädliche Einflüsse, wie z. B. Vernachlässigung der Schule und persönlicher sozialer Kontakte, Abhängigkeit, Realitätsverlust und Manipulation ist enorm. Hierbei ist besonders die Entwicklung der Künstlichen Intelligenz als Mittel der Manipulation zu beachten. Schließlich wird sie sehr unmittelbar durch Generative Künstliche Intelligenz in Bild und Ton zu einem Einflussfaktor bei Wahlen und auch zu anderen Zeiten. Dementsprechend müssen diesen Entwicklungen ein kompetentes Nutzungsverhalten sowie ein kritischer Blickwinkel gegenüberstehen, um nicht ein Spielball anderer zu werden. Auch diese Perspektiven finden in dieser Einheit Einzug.

VORBEREITUNG:

- **M1** als Einstiegsimpuls einmalig kopieren und als Impuls mit Dokumentenkamera nutzen oder digital zeigen
- **M2** als Informationstext für die erste Stammgruppenphase für alle kopieren
- **M3** bis **M6** mit den Expert*innentexten in Gruppenstärke kopieren, evtl. für die jeweiligen Gruppen Kopfhörer zur Verfügung stellen oder für Distanz sorgen
- **M7** mit den Arbeitsaufträgen für die zweite Stammgruppenphase für alle kopieren

STUNDENABLAUF:

Zeitbedarf: mindestens vier Unterrichtsstunden

1. Einstieg/Motivationsphase:

Die Lernenden bekommen den Impuls aus **M1** still präsentiert und lesen diesen. Danach werden die Aufgaben bearbeitet. Die Bearbeitung erfolgt zum Teil allein als auch zu zweit oder in einer Gruppe.

2. Erarbeitungsphase:

Im zweiten Schritt wird nun der Hauptteil erarbeitet. Dieser erfolgt in Form der Stammgruppen-Expert*innen-Methode. Diese wird unter den Erläuterungen zum Stundenablauf erklärt. Für die erste Stammgruppenphase ist **M2** nötig. Dabei müssen die Lernenden nicht alle Fakten kennen und aufnotiert haben. Ein Überblick ist wichtig. Dennoch ist ein gemeinsames Wiederholen, bevor es in die Expert*innengruppen geht, hilfreich.

Die Expert*innengruppen bearbeiten dann mithilfe von **M3–M6** jeweils ihr Thema und notieren sich im Rahmen der Aufgaben Wesentliches. Die Ergebnisse werden miteinander verglichen.

Zurück in der Stammgruppe berichten die Expert*innen den anderen jeweils von ihrem Wissen. Die Gruppenmitglieder schreiben dieses stichpunktmäßig auf **M7** auf. Hierbei ist es nicht wichtig, dass jede*r alles versteht und (auswendig) kennt. Denn es kommt eher darauf an, dass am Ende eine kurze Audio- oder Video- bzw. Liveversion eines Expert*inneninterviews erfolgt.

Eine gemeinsame Verbesserung der Arbeitsaufträge kann erfolgen, ein Auslegen der Lösungen ist alternativ auch möglich. Mithilfe der Leitfragen sollte jedoch prinzipiell ein Verständnis der Texte gewährleistet sein.

Sodann wird das Rollenspiel in der Stammgruppe erstellt. Dieses kann durchaus vier Schulstunden Zeit kosten und braucht Unterstützung durch die Lehrkraft.

3. Feedback:

Eine Reflexion des Rollenspiels ist unbedingt ratsam, sodass von der Rolle Abstand genommen werden und daraus etwas gelernt werden kann. Eine gelungene Aufzeichnung oder eine besonders interessante Gruppe kann auch für einen Elternabend oder einen Tag der offenen Tür wertvoll sein.

Erklärung der Bearbeitungsphasen:
Die **Stammgruppen-Expert*innen-Methode** besteht aus drei Phasen:

- Stammgruppenphase,
- Expert*innengruppenphase und
- zweite Stammgruppenphase.

In dieser Einheit wird diese Methode wie folgt angewandt: **Zu Beginn** werden die Lernenden in Stammgruppen aufgeteilt, um sich zu dem jeweiligen Überthema „Gefahren digitaler Medien" die Basisinformationen zu erarbeiten. In der **zweiten Phase** bilden sich Expert*innengruppen zu verschiedenen Unterkategorien des Überthemas. In diesen befindet sich (mindestens) ein Mitglied aus jeder Stammgruppe. Optional können nun die Ergebnisse aus der Stammgruppe geteilt werden, damit eine gemeinsame Basis herrscht. Im Grunde erarbeiten sich die jeweiligen Mitglieder ein gewisses Expert*innenwissen in ihrer jeweiligen neuen Gruppe. Sobald dies geschehen ist, kehren sie in ihre Stammgruppe zurück. Hier finden sich dann also Expert*innen in verschiedenen Gebieten wieder. Diese berichten sich nun gegenseitig reihum von ihren Ergebnissen aus den Stammgruppen. Dabei schreiben die Gruppenmitglieder mit. Mittels dieser Informationen sind nun theoretisch alle Expert*innen in den Einzelgebieten. In unserer hier dargelegten Einheit wird mithilfe dieses Wissens ein produktiver Folgeansatz gewählt: ein Expert*inneninterview.

LÖSUNGSKASTEN:

M1 – EINSTIEGSIMPULS

1. Der Junge ist zu oft am Handy und spielt, wodurch die Noten schlecht wurden.
2. Folgende Personen oder Lebensaspekte leiden unter dem Verhalten des Jungen: die Mutter, eventuell andere Mitglieder der Familie, mögliche Freunde, die Noten, die Lehrkräfte und der Schreiber des Tagebuchs selbst.
3. *individuelle Lösung: Die Ergebnisse können von Jahr zu Jahr variieren, je nachdem, welche Spiele unter den Kindern jeweils am beliebtesten sind. Denn die beliebtesten sind oft auch diejenigen mit dem höchsten Suchtfaktor.*

M2 – STAMMGRUPPENPHASE I: GEFAHREN DIGITALER MEDIEN

individuelle Lösung

M3 – EXPERTENGRUPPE I: SUCHTGEFAHR BEI DIGITALEN MEDIEN

- 2019: 3,2 Prozent social-media-süchtig → 2022: 6,7 Prozent
- 2019: 2,7 Prozent computerspielsüchtig → 2022: 6,3 Prozent
- Besonders auffällt, dass zwei Drittel der Süchtigen Jungen sind.
- Die Pubertät ist ein Grund für die Sucht nach Social-Media-Apps.
- Freunde und Influencer*innen und deren Bilder und Videos auf den Plattformen geben Jugendlichen Halt.
- Das Posten von Bildern und Videos sorgt für Glücksgefühle durch die Likes, die man dafür erhält.

M4 – Expertengruppe 2: Gefahr durch Idealwelten

1. „Wenn man zum Beispiel einen Filter benutzt, um sein Gesicht glatter oder seine Augen größer zu machen, dann sieht man auf dem Foto anders aus, als man in Wirklichkeit aussieht."

- Bilder im Internet erzeugen ein verzerrtes Bild der Realität.
- Bei diesen Fotos werden häufig Programme verwendet, die die Influencer*innen dünner aussehen lassen.
- Der Vergleich mit Idealbildern lässt einen denken, man sei nicht so schön wie andere und das kann zu Depressionen führen.
- Man sollte über sich selbst denken, dass man richtig ist, so wie man ist, und dass man niemand anders sein muss.
- Fotos im Internet sollte man nicht verändern, sondern im Original einstellen.
- Wohnungen oder das Leben von Influencer*innen wird oft nicht so dargestellt, wie es eigentlich ist.
- Zu den Tricks der Influencer*innen zählen ein vorteilhafter Fotowinkel und, dass alles immer aufgeräumt ist.
- Die eigene Wohnung und das eigene Leben sind normal und nicht immer aufgeräumt im Alltag. Der Vergleich mit der „Realität" im Internet kann einen traurig machen.

M5 – Expertengruppe 3: Gefahr durch digitalen Betrug

1. „Dabei sind Datendiebstahl und Trickbetrug zwei Gefahren, die dort lauern."

- Kriminelle wollen Daten wie Name, Adresse, Telefonnummer und Kreditkarteninformationen stehlen.
- Kriminelle können sich dadurch Zugang zu Onlinekonten verschaffen, Geld abheben und Straftaten in deinem Namen begehen.
- Ein Beispiel für Datenklau bei Firmen wäre das stehlen von Kreditkartendaten vom Playstation-Network.
- Durch eine gefälschte Bank-E-Mail können Personen aufgefordert werden, die Kontodaten einzugeben. Auch Anrufe werden genutzt, um an Kontodaten zu kommen, indem behauptet wird, man habe Schulden und müsse sofort bezahlen.
- Künstliche Intelligenz kann für Stimmenimitation beim Enkel-Trick genutzt werden.
- Tipps helfen gegen Digitalbetrug: keine persönlichen Informationen teilen, keine Freundschaftsanfragen von Unbekannten annehmen, nie mit Online-Bekannten allein treffen, mit Erwachsenen sprechen, wenn Unangenehmes passiert

M6 – Expertengruppe 4: Gefahr durch Falschinformation

1. „Falschinformationen"

- Fake-News sind Falschinformationen, die absichtlich verbreitet werden, um jemanden zu täuschen.
- Fake-News können zu Wut und Hass führen.
- Vor wichtigen Ereignissen wie Wahlen sind Fake-News besonders schlimm.
- Durch die Erstellung von Texten und Bildern, die echt aussehen, aber falsch sind, erleichtert KI die Verbreitung von Fake-News.
- *individuelle Lösung zu den Stichpunkten Überprüfung der Quelle, der Fakten, des Datums und der Gefühle*

M7 – Zweite Stammgruppenphase: Das Interview erstellen

individuelle Lösung

M1 EINSTIEGSIMPULS

Hey Tagebuch,

ich weiß auch nicht, warum ich das mache, aber warum auch nicht? Ist doch eh egal jetzt. Dann fange ich halt mal ein Tagebuch an, Frau Dergal hat gemeint, das könnte vielleicht helfen. Wenn ich eh schon nicht mit ihr über mein Problem reden will. Welches Problem überhaupt? Pah! Wo is'n des Problem? Bin halt vielleicht'n bisschen oft am Handy. Klar. Aber wer ist das denn nicht? Mama meint, ich kann mein Handy wohl gar nicht mehr aus der Hand legen. Von wegen! Ich will bloß nicht! „Früher hattest du die besten Noten in der Klasse, aber jetzt… Schau dich doch mal an, du hängst den ganzen Tag nur an dem Ding rum, ist doch klar, dass das nicht gutgeht!". Das hat sie letztens gemeint. Auch die Lehrer gehen mir auf die Nerven und fragen, was los ist. Sie denken, dass ich Probleme habe. Aber ich habe keine Probleme, ich bin einfach nur müde und gestresst.

Und Mama erst. Die stresst soooooo sehr! Immer möchte sie, dass ich lerne, dabei ist mir das alles zu viel. Ich weiß, dass ich gut im Spiel bin, bin ja sogar schon in den Top 100 in Deutschland. Die Leute feiern mich. Da bin ich halt auch echt mega drin. Bestimmt kann ich damit einmal Geld verdienen. Scheiß auf die Noten! Hier kann ich eh nichts erreichen, ich versteh nichts mehr in Mathe und Englisch geht mir eh auf den …
Ich weiß … ist nicht wirklich sehr cool, was ich mache. Ich habe Mama letztens nach dem Streit weinen hören. Bin ja nicht vollkommen bescheuert, die Leute machen sich halt Sorgen… Aber hey… Was soll ich machen? Ist halt so, kann ich jetzt auch nicht ändern. Naja, vielleicht wird ja noch alles gut. Bald sind ja Ferien.
Bis bald …

1. Beschreibe das Problem in eigenen Worten.

   ____

2. Besprecht zu zweit, wer unter dem Verhalten des Jungen alles leidet.

3. Besprecht in der Gruppe, welches Spiel eurer Meinung nach eine solche Gefahr erzeugen kann.

4. Macht eine Abstimmung: Wer meint, dass der Junge „die Kurve noch kriegt", wer nicht?

5. Sammelt auf einem Blatt gemeinsam andere Gefahren, die durch digitale Medien entstehen können.

6. Stellt mithilfe der Stammgruppen-Experten-Methode (StEx-Methode) ein Experteninterview nach. Sammelt dabei zuerst mithilfe der folgenden Texte Informationen über die verschiedenen Gefahren von digitalen Medien. Bildet dazu eine Gruppe mit mindestens vier Mitgliedern. Zuerst bleibt ihr in dieser Stammgruppe und lest euch **M2** durch. Darin befinden sich allgemeine Informationen zu den Gefahren digitaler Medien. Anschließend geht ihr in verschiedene Expertengruppen. Dort befasst ihr euch mit einem bestimmten Thema genauer. Dann kommt ihr zurück in eure ursprüngliche Gruppe und berichtet davon. So könnt ihr am Ende ein Experten-Interview nachstellen.

M2 ERSTE STAMMGRUPPENPHASE

Gefahren digitaler Medien

Digitale Medien sind sehr hilfreich, sie können aber auch eine echte Gefahr sein. So kann es passieren, dass man süchtig wird, zum Beispiel nach bestimmten Spielen oder Videos auf verschiedenen Plattformen. Auf diese Art vergisst man die eigenen Freunde, die Schularbeiten oder in schlimmen Fällen sogar die Zeit und das Essen. Diese Süchte sind immer häufiger zu beobachten.

Die beliebten Videos von Influencern über ihr wundervolles Leben in Reichtum und Schönheit sorgen ebenfalls oft für Probleme. Denn die Follower würden gerne selbst solch ein Leben haben und halten das eigene dann für langweilig und nicht lebenswert. Dabei wissen sie gar nicht, dass die Influencer ganz oft ein ebenso normales Leben wie die meisten haben.

Oft passiert es auch, dass man sich in der digitalen Welt ein wenig verliert. Man hat dann gar keine Lust mehr auf die eigene Realität und findet die digitale Welt viel spannender. Denn diese ist bunter, es knallt mehr, dauernd wird gelacht und alles ist witzig und schrill. Im echten Leben ist das nicht so. Es ist „normal" und nicht alles ist spektakulär und außergewöhnlich. Die normale Welt vergisst und verdrängt man dann also, wenn man in der digitalen Welt lebt.

Manchmal werden aber auch persönliche Daten wie Name, Adresse, Telefonnummer und Kreditkarteninformationen im Internet von sogenannten Hackern gestohlen. Das geschieht eher bei Erwachsenen und kann dazu führen, dass man um Geld gebracht wird. Aber auch legal werden Daten von Handynutzern ausgelesen. Häufig geschieht dies bei kostenlosen Handyspielen.

Ein immer größer werdendes Problem sind Falschnachrichten, auch Fakenews genannt. Sie führen schnell zu Verwirrung im Internet und erzeugen Unsicherheit. So können plötzlich viele Menschen denken, dass etwas geschehen ist oder gesagt wurde, obwohl das gar nicht stimmt. Diese Falschnachrichten verbreiten sich oft schnell weiter. Denn die Internetnutzer überprüfen gar nicht, ob das, was sie erhalten, überhaupt stimmt. Das liegt entweder daran, weil sie sowieso niemals etwas überprüfen und alles glauben oder weil sie gar nicht wissen, wie das Überprüfen geht.

Mithilfe von Künstlicher Intelligenz können heutzutage auch täuschend echt wirkende Bilder und Stimmen erzeugt werden. Bei diesen glauben dann die User (Nutzer), dass etwas wirklich so geschehen ist, obwohl das gar nicht stimmt. Auch Lügenvideos können so produziert werden. Hier sind das kritische Überprüfen und eine Nicht-Gleich-Alles-Glauben-Einstellung besonders wichtig.

1. Lies dir den Text leise sowie konzentriert durch und merke dir drei Dinge, die du interessant findest.
2. Sammelt gemeinsam in der Gruppe Sachen, die ihr euch gemerkt habt und schreibt sie auf.

M3 EXPERTENGRUPPE 1

Suchtgefahr bei digitalen Medien

Digitale Medien wie Smartphones, Tablets und Computer haben bei Heranwachsenden ein hohes Suchtpotenzial. Die DAK und das Universitätsklinikum Hamburg-Eppendorf haben darüber eine Studie veröffentlicht. In dieser steht, dass etwa 680.000 Kinder und Jugendliche in Deutschland süchtig nach Computerspielen und sozialen Medien sind. Im Jahr 2019 waren noch 3,2 Prozent aller Minderjährigen süchtig nach Social Media. Drei Jahre später waren es schon 6,7 Prozent. Bei der Nutzung von Computerspielen kletterte die Quote von damals 2,7 Prozent auf 6,3 Prozent im Jahr 2022. Dabei sind besonders männliche Jugendliche von Gaming-Sucht betroffen. Unter den Gaming-Süchtigen sind 2 von 3 Betroffene Jungen. Im Jahre 2023 ist ein leichter Rückgang bemerkbar, die Zahlen liegen jedoch weiterhin deutlich über dem Jahr 2019.

Auf fast jedem Smartphone eines Jugendlichen befinden sich Apps wie Instagram oder TikTok. Viele haben Schwierigkeiten damit, sich vom Handy zu lösen. Das liegt daran, dass gerade für Jugendliche Social-Media-Inhalte besonders reizvoll sind. Der Grund ist die Pubertät. Diese ist eine Zeit, in der körperliche Veränderungen stattfinden: Das Gehirn kann man dabei mit einer ganz großen Baustelle vergleichen. Weil zu dieser Zeit alles neu ist, sich der ganze Körper verändert, suchen sich die Jugendlichen eine Art Orientierung. Dabei sind zum Beispiel die Freunde und Influencer hilfreich. Ihre Fotos und Videos auf Plattformen helfen den Pubertierenden. So können sie sich selbst bestimmen und entscheiden, was sie mögen und was nicht. Aber genau dabei gibt es ein Problem: Wenn sie nun selbst Videos und Bilder von sich posten, dann wollen sie unbedingt Bewunderung. Das gelingt durch ein Like – oft in Form eines Herzchens unter dem Bild. Wenn das eigene Bild gelikt wird, dann werden Glückshormone ausgeschüttet und die Person fühlt sich gut. Das kann eine Sucht erzeugen. Und schon schicken die Jugendlichen einen Post über Snapchat und Co. nach dem anderen heraus oder wollen wissen, was ihre Freunde und Influencer so machen. Diese Form der Sucht ist bei beiden Geschlechtern gleich oft verteilt.

Die Folgen von Mediensucht bei Kindern und Jugendlichen können schwerwiegend sein. Zu den Folgen gehören unter anderem:

- stärkeres Gewaltverhalten bei hohem Konsum gewalttätiger Inhalte
- schlechtere Leistungen in der Schule
- unrealistisches Körperbild und Essstörung (etwa bei Beauty- und/oder Sport-Influencerinnen und -Influencern)

(Quelle: https://www.dak.de/dak/download/ergebnisbericht-2640300.pdf)

1. Unterstreiche die wichtigsten Zahlen im Text.

2. Notiere dir die folgenden Kernsapekte auf einem Blatt.

- 2019: __________ Prozent social-media-süchtig → 2022: __________ Prozent
- 2019: __________ Prozent computerspielsüchtig → 2022: __________ Prozent
- Was ist besonders auffällig bei Gamingsucht?
- Was ist der Grund für Sucht nach Apps wie TikTok?
- Was gibt den Jugendlichen Halt?
- Warum posten Jugendliche teilweise dauernd Bilder und Videos?

3. Vergleicht eure Notizen untereinander.

M4 EXPERTENGRUPPE 2

Gefahr durch Idealwelten

Filter auf Social-Media-Seiten können dazu führen, dass man ein verzerrtes Bild von der Realität bekommt. Wenn man zum Beispiel einen Filter benutzt, um sein Gesicht glatter oder seine Augen größer zu machen, dann sieht man auf dem Foto anders aus, als man in Wirklichkeit aussieht.

Aber auch mit Fotos von Influencern ist das häufig so. Denn diese verwenden oft Programme, die sie dünner aussehen lassen. So denkt man zum Beispiel als Betrachter irgendwann, dass man zu dick oder zu dünn ist, obwohl das gar nicht stimmt. Das kann dazu führen, dass man sich mit anderen vergleicht und denkt, dass man nicht so gut aussieht wie andere. So wiederum kommt es teilweise zu einem niedrigen Selbstwertgefühl oder sogar Depressionen.

Es ist aber wichtig, dass man sich selbst so akzeptiert, wie man ist, und nicht versucht, jemand anderes zu sein. Deshalb gibt es in den letzten Jahren auch die Gegenbewegung #nofilter. Hier wird bewusst bei Internetposts darauf geachtet, keine Filter zu verwenden. Denn eigentlich ist es so: Wenn man ein Foto von sich postet, sollte man darauf achten, dass es der Realität entspricht und dass man nicht versucht, sich besser darzustellen, als man ist. Logisch, oder?

Idealwelten bedeutet aber nicht nur, dass Filter benutzt werden. Vielmehr sehen die Nutzer oft ein Leben von Menschen, das völlig unrealistisch dargestellt wird. Immer ist irgendetwas Besonderes im Video, jede Alltäglichkeit (wie etwa die Anmeldung in einem Fitnessstudio) wird zu einer ganz großen Sache gemacht. Dabei werden die vorteilhaftesten Blickwinkel auf den eigenen Körper oder die eigene Wohnung genutzt. Die Wohnung sieht edel aus, die Geräte sind teuer, alles ist sauber.

Dabei sieht ein normaler Haushalt selten so aus, zumindest nicht im Alltag. Dies kann den Blick auf die eigene Welt ganz genauso zerstören. Denn dadurch bekommt man ebenfalls das Gefühl, sein Leben nicht „richtig" zu leben. Es entsteht der Gedanke, dass der eigene Alltag langweilig und wertlos ist. Das ist eine ebenfalls ernste Gefahr von Social Media.

1. Unterstreiche den Satz, der erklärt, warum Leute Filter im Internet benutzen.

2. Notiere dir folgende Fakten zu Filtern im Internet auf einem Blatt.
   - Was erzeugen Filter im Internet?
   - Was ist das Problem mit Influencer-Fotos?
   - Warum können durch Social-Media Depressionen entstehen?
   - Was sollte man über sich selbst denken?
   - Was sollte man bei Fotos im Internet beachten?
   - Was wird auch nicht so dargestellt, wie es eigentlich ist?
   - Was sind die Tricks der Influencer?
   - Was ist das Problem mit der eigenen Wohnung/dem eigenen Leben?

3. Vergleicht eure Notizen untereinander.

M5 EXPERTENGRUPPE 3

Gefahr durch digitalen Betrug

Digitale Medien gibt es mittlerweile überall. Man nutzt sie besonders, um im Internet zu sein. Dabei sind Datendiebstahl und Trickbetrug zwei Gefahren, die dort lauern. Beim Datendiebstahl versuchen Kriminelle, an persönliche Daten wie Name, Adresse, Telefonnummer und Kreditkarteninformationen zu gelangen. Sie können diese Daten dann verwenden, um sich unerlaubten Zugang zu Onlinekonten zu verschaffen, Geld abzuheben oder Straftaten in deinem Namen zu begehen. Dies kann entweder durch das unüberlegte Weiterleiten der eigenen Daten passieren oder durch das sogenannte Hacken von Firmen. Viele Firmen haben schon solche Daten-Hacks erlitten. Eine der bekannteren Fälle war der Datenklau vieler Kreditkartendaten von Playstation-Kunden.

Beim Trickbetrug geben die Betroffenen auch ihre Daten weiter, allerdings werden sie ausgetrickst. So versuchen Kriminelle, die Person dazu zu bringen, ihnen Geld oder persönliche Daten zu geben. Sie können zum Beispiel eine gefälschte E-Mail senden, die so aussieht, als käme sie von der Bank, und die Person auffordern, die Kontodaten einzugeben. Oder sie können anrufen und behaupten, man habe Schulden und müsse sofort bezahlen. Damit wird derjenige überrascht und verängstigt, sodass er erst einmal gar nicht nachdenkt. Denn man möchte ja kein Geld verlieren. Und so geschieht es oft, dass die Daten herausgegeben werden. Mithilfe der Künstlichen Intelligenz können Stimmen nachgemacht werden und Großeltern überweisen dem vermeintlichen (aber nicht wirklichen) Enkelkind viel Geld.

Cybergrooming ist eine besondere Form von digitalem Betrug, bei der Erwachsene über das Internet Kontakt zu Kindern und Jugendlichen suchen, um sie zu belästigen oder zu missbrauchen. Die Täterinnen und Täter nutzen soziale Netzwerke, Chat-Foren oder Online-Spiele, um Kontakt zu Kindern und Jugendlichen herzustellen. Sie geben sich oft als Gleichaltrige aus und versuchen, deren Vertrauen zu gewinnen.

In allen Fällen können diese Tipps helfen:

- keine persönlichen Informationen wie Name, Adresse oder Telefonnummer mit Fremden im Internet teilen
- keine Freundschaftsanfragen von unbekannten Personen annehmen
- nicht mit jemandem allein treffen, den man nur online kennt
- mit einem Erwachsenen sprechen, wenn etwas Unangenehmes passiert

1. Unterstreiche den Satz, der die zwei digitalen Gefahren zuerst nennt.

2. Notiere dir folgende Fakten zum digitalen Betrug auf einem Blatt.
   - Was wollen Kriminelle durch Datendiebstahl?
   - Was können sie damit erreichen?
   - Was ist ein Beispiel für Datenklau bei Firmen?
   - Was ist ein Beispiel, wie Kriminelle durch Trickbetrug an Kontodaten kommen?
   - Wie kann Künstliche Intelligenz bei Trickbetrug angewandt werden?
   - Welche Tipps helfen gegen Digitalbetrug?

3. Vergleicht eure Notizen untereinander.

M6 EXPERTENGRUPPE 4

Gefahr durch Falschinformation

Im Internet gibt es viele Informationen, aber nicht alle sind wahr. Manchmal gibt es Falschinformationen, die absichtlich verbreitet werden, um Menschen zu täuschen. Dieses Phänomen nennt man auch „Fake-News". Diese Täuschungen können dazu führen, dass viele Menschen etwas glauben, was am Ende gar nicht stimmt. So kann es sein, dass dann Wut und Hass in der Gesellschaft entstehen. Besonders, wenn wichtige Ereignisse anstehen (Wahlen zum Beispiel), ist das sehr ungünstig. Denn auf diese Art werden die Meinungen und letztlich die Gedanken der Mitmenschen durch eine Unwahrheit beeinflusst. Es ist daher wichtig, dass man lernt, wie man Falschinformationen erkennt.

Künstliche Intelligenz (KI) kann auch dazu verwendet werden, Falschinformationen zu verbreiten. KI-Systeme können Texte und Bilder erstellen, die echt aussehen, aber falsch sind. Es ist wichtig, dass man auch hier kritisch bleibt und die Quelle überprüft.

Hier sind einige Tipps, um Falschinformationen zu überprüfen:

- Überprüfe die Quelle: Schau dir an, woher die Information kommt. Ist es eine verlässliche Quelle wie eine Zeitung oder ein Nachrichtensender? Oder ist es eine unbekannte Website oder ein Social-Media-Post? Diese leiten oft Dinge weiter, die nicht überprüft wurden.
- Überprüfe die Fakten: Schau dir an, ob die Informationen, die du liest, auch wirklich stimmen. Gibt es Beweise dafür? Oder sind es nur Behauptungen?
- Überprüfe das Datum: Manchmal werden alte Nachrichten als neue getarnt. Schau dir an, wann die Nachricht ursprünglich veröffentlicht wurde. Manchmal hilft auch eine Google-Bildersuche.
- Überprüfe deine Gefühle: Wenn eine Nachricht dich sehr aufregt oder ängstigt, kann es sein, dass sie nicht wahr ist. Falschinformationen werden oft verbreitet, um Menschen zu verunsichern oder zu manipulieren.

1. Unterstreiche das deutsche Wort für „Fake-News".

2. Notiere dir folgende Fakten zum digitalen Betrug auf einem Blatt.
   - Was sind Fake-News?
   - Zu welchen Gefühlen können Fake-News führen?
   - Zu welchen Zeiten sind Fake-News besonders schlimm?
   - Warum erleichtert KI die Verbreitung von Fake-News?
   - Nenne drei Tipps, um Falschinformationen zu überprüfen (in eigenen Worten)?

3. Vergleicht eure Notizen untereinander.

M7 EXPERTENGRUPPE 1

1. SAMMELN DER EXPERTENINFORMATIONEN

- Jeder Experte erzählt nun mithilfe seiner Aufzeichnungen aus der Expertenrunde von seinem Thema.
- Die anderen hören konzentriert zu und machen sich dabei Notizen.
- Der Experte lässt sein eigenes Expertenklemmbrett frei.

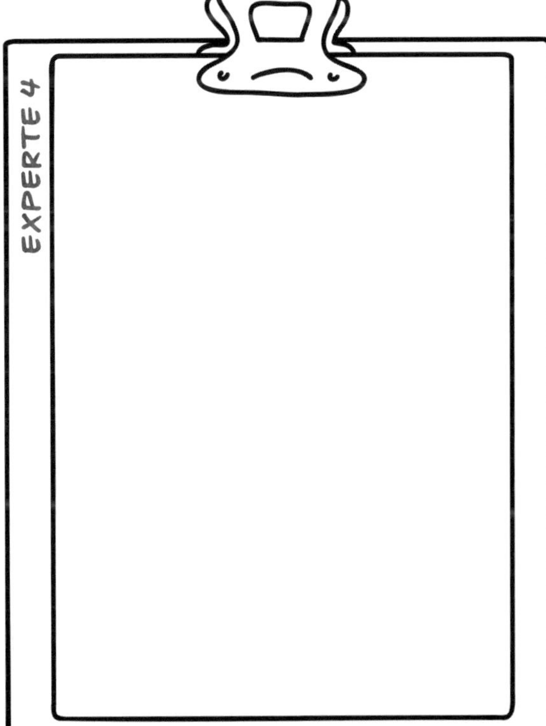

2. DAS EXPERTENINTERVIEW

- Wählt eine der drei Aufgaben aus:
  - ☐ Spielt in einem Rollenspiel ein Experteninterview zum Thema „Risiken digitaler Medien“ nach. (5 Minuten Gesamtlänge)
  - ☐ Erstellt ein Video eines Experteninterviews zum Thema „Risiken digitaler Medien“. (5 Minuten Gesamtlänge)
  - ☐ Erstellt einen Podcast mit einem Experten zum Thema „Risiken digitaler Medien“. (5 Minuten Gesamtlänge)
- Bei allen drei Aufgaben kann der folgende Projektbogen helfen:

PROJEKTBOGEN INTERVIEW

Name des Gastgebers: ______________________________

Name des Experten: ______________________________

Hilfreiche Formulierungen:
- Herzlich willkommen zu …
- Mein Name ist … und ich begrüße Sie zu …
- Mein heutiger Gast ist … und er/sie ist Experte/Expertin für die Risiken digitaler Medien.

Mögliche Fragen:
- Welche digitalen Gefahren gibt es denn allgemein im Internet?
- Inwieweit haben sich die Internetsüchte der Kinder verändert?
- Warum sind denn gerade unsere Jugendlichen gefährdet?
- Gibt es Unterschiede zwischen Jungs und Mädchen im Bereich der digitalen Sucht?
- Weshalb sind Influencer-Posts teilweise so bedenklich?
- Was ist das Problem mit Filtern?
- Welche Arten von digitalem Betrug gibt es denn?
- Welchen Einfluss hat diese Künstliche Intelligenz auf den Internetbetrug heutzutage?
- Welche Tipps können Sie geben, um kein Opfer von Internetkriminellen zu werden?
- Was sind Fake-News eigentlich?
- Zu welchen Problemen können Falschinformationen im Internet führen?
- Was ist Ihre Meinung zu folgender Aussage? „Na und? Dann wissen halt ein paar Leute etwas nicht richtig. Warum sollte das einen großen Einfluss auf die Gesellschaft haben?“
- Gibt es Tipps, wie man solche Fake-News erkennen kann?

Abschluss: Vielen Dank für Ihren Besuch und besonders für die vielen hilfreichen Informationen.

3. TIPPS FÜR DAS EXPERTENINTERVIEW

Ein Rollenspiel, also in diesem Fall ein Experteninterview, ist ein längeres Projekt. Hier sind einige Tipps, wie du ein erfolgreiches Rollenspiel durchführen kannst:

© Christian Horz – stock.adobe.com

✔ **Wähle die Reihenfolge der Themen sorgfältig aus:** Überlege dir im Vorfeld, welche Fragen wann kommen und schreibe dir ganz genau auf, welche Antworten kommen.

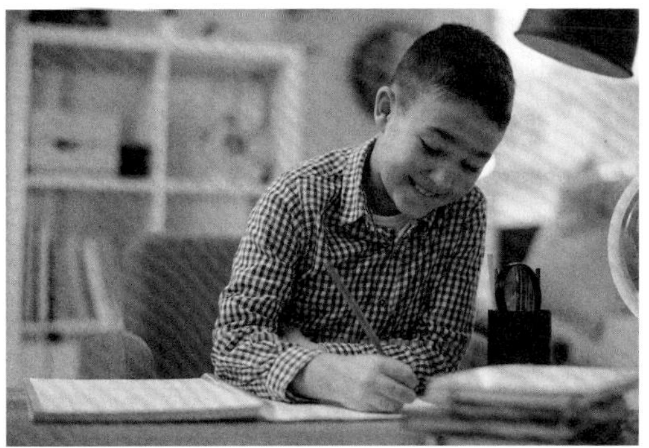

© JustLife – stock.adobe.com

✔ **Bereite dich gut vor:** Überlege dir im Vorfeld, wie du die Fragen formulierst und wie du deine Stimme nutzt. Wenn du keine Sprechrolle bist, dann musst du die Fragen oder die Antworten erstellen. Deine Schrift muss lesbar sein, gib dir also Mühe. Die erstellten Fragen oder Antworten sprichst du mit dem jeweiligen Sprecher ab. Die Fragen und Antworten müssen praktisch auswendig im Kopf sein, ein reines Ablesen von Karten genügt nicht. So kannst du auch einmal spontan reagieren und fühlst dich nicht unwohl.

© pressmaster – stock.adobe.com

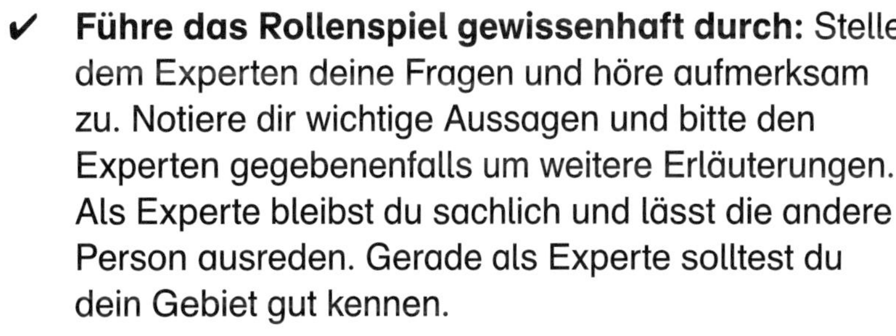

✔ **Führe das Rollenspiel gewissenhaft durch:** Stelle dem Experten deine Fragen und höre aufmerksam zu. Notiere dir wichtige Aussagen und bitte den Experten gegebenenfalls um weitere Erläuterungen. Als Experte bleibst du sachlich und lässt die andere Person ausreden. Gerade als Experte solltest du dein Gebiet gut kennen.

© Pixel-Shot – stock.adobe.com

✔ **Reflektiere das Rollenspiel:** Nach dem Rollenspiel solltet ihr gemeinsam reflektieren, was ihr gelernt habt. Was waren die wichtigsten Erkenntnisse? Was hat euch überrascht? Wie habt ihr euch gefühlt? Wie war es zu Beginn der Übungsphase? Wie war es am Ende?

INFORMATIONEN FÜR DIE LEHRKRAFT

EINBETTUNG IN DEN LEHRPLAN:

In der sechsten Jahrgangsstufe sollen die Lernenden neben den Gefahren der digitalen Medien auch deren Nutzen kennenlernen und reflektieren. So zeigt sich dieser sowohl im privaten als auch im schulischen Alltag. Dieser ist auch von Bedeutung, bedenkt man, wie praktisch die kleinen Helfer des Alltags sind. So ist hier unter anderem die Schnelligkeit des Daten- bzw. Informationsaustausches eine der wesentlichen Vorteile. Aber auch die Unterhaltung kann ein großes Plus sein, ähnlich der Flexibilität beim Einkauf.

VORBEREITUNG:

- **M1** als Einstiegsimpuls in Klassenstärke kopieren
- **M2** mit dem Informationstext für einen Escape-Room in Gruppenanzahl kopieren
- digitale Endgeräte und Kopfhörer in Gruppenanzahl zur Verfügung stellen
- **M3** in Gruppenzahl kopieren (für schnelle Gruppen)

Diese Einheit ist ein Einstieg in die Thematik. Hier werden auf verschiedenen Kanälen – visuell, auditiv und audiovisuell – Informationen zum Nutzen digitaler Medien gegeben. Mittels verschiedener nacheinander abzuarbeitender Aufgaben sammeln die Gruppen Details zum Alltag mit digitalen Endgeräten, Einsatzszenarien und interessante Hintergrundinformationen. Durch das Lösen der verschiedenen Aufgaben sammeln die Gruppen Teillösungen, die sie dann am Ende bei der letzten Station eingeben müssen.
Für Arbeitsgruppen, die besonders schnell damit fertig sind, eignet sich zur Differenzierung die Anwendungsaufgabe. Generell hilfreich für das Bearbeiten von digitalen Escape-Rooms sind Neugier, Geduld und das Wissen darum, dass nicht immer alles sofort gelingen wird. Am wahrscheinlichsten ist eine gelingende Bearbeitung der Aufgaben, wenn Computer, Laptops oder leistungsstarke Tablets vorhanden sind. Mobiltelefone sind keine guten Arbeitsgeräte in diesem Fall.
Eine produktorientierte Herangehensweise im Nachgang bietet sich an, sei es das Erstellen eines Lexikoneintrags, eines Lapbooks oder eines gesprochenen Informationstextes. Prinzipiell wäre auch ein kurzes Erklärvideo möglich, allerdings erst gegen Ende des Schuljahres oder in späteren Jahrgangsstufen, da dies extrem aufwändig ist.

STUNDENABLAUF:

Zeitbedarf: mindestens eine Unterrichtsstunde

1. Einstieg/Motivationsphase:

Die Lernenden bekommen den Impuls aus **M1** still präsentiert und lesen es durch. Gemeinsam werden die Aufgaben darauf bearbeitet. Im Klassenverband wird die letzte Aufgabe besprochen.

2. Spielphase:

Nun sollen sich die Kinder in Dreier- bis Fünfergruppen zusammensetzen.

Mithilfe der Informationen aus **M2**, das allen Lernenden ausgeteilt wird, wird erklärt, wie ein Escape-Room abläuft und worauf es bei der Lösung der digitalen Aufgaben ankommt.

Schnelle Gruppen können die Anwendungsaufgabe bearbeiten.

Variation:

Mittels produktorientierter Methoden kann das Erlernte im Anschluss an die Einheit angewendet werden, zum Beispiel mittels eigens erstellter Kreuzworträtsel oder Ähnlichem.

5. Feedback:

Zum Schluss gibt jedes Kind ein Feedback, auch, um sich selbst einschätzen zu können

LÖSUNGSKASTEN:

M1 – EINSTIEGSIMPULS

1. Tina hat schlechte Noten in Mathematik, kann sich aber nicht zum Lernen motivieren. Auch der Vater macht sich Sorgen und schimpft mit seiner Tochter. Sie ist dadurch frustriert und unter Druck.
2. Cem ist vernünftig und scheint nicht verschwätzt zu sein. Er möchte einmal Anwalt werden und möchte sich deshalb schon früh selbst motivieren können. Tina hingegen ist im Unterricht oft im Gespräch mit ihrer Freundin und kann sich nicht motivieren, für Mathematik zu lernen.
3. Cem hätte seinen Tag ohne Informationen über Tina verbracht. Tina hätte sich auf der Koppel weiterhin um das Pferd gekümmert und entweder frustriert über die Situation nachgedacht oder sich von dieser durch die Pferdearbeit abgelenkt. In jedem Fall hätte sich nichts geändert und es hätte keine Lösung gegeben.
4. Cem konnte mithilfe des Handys gleich auf Tina eingehen. Diese konnte sich mitteilen und das Problem schildern, auch wenn sie nicht am gleichen Ort waren.
5. Beispiele: Recherche für die Schule, schnelle Sprachnachrichten an Eltern und Freunde, Wegfindung durch Navigationsapp/Wanderapp, Lernmöglichkeiten durch Apps auf dem Handy; Nicht direkt hilfreich im Leben: Spieleapps auf dem Handy, soziale Plattformen per se (nur mit passendem Beispiel)

M2 – LÖSEN EINES ESCAPE ROOMS

2. **Aufgabe 1:** Messaging-Dienste — Messaging

   Aufgabe 2: digitale Medien und Informationen — digital

   Aufgabe 3: Wortfindespiel zum Nutzen digitaler Medien — Streaming

   Aufgabe 4: Kreuzworträtsel zum Nutzen digitaler Medien — virtuell

   Aufgabe 5: Rätselspiel zum Onlineeinkauf — Smartphone

   Die Lösungen der Apps finden sich jeweils direkt in diesen.
3. Lösungsformel für die Lehrkraft nach Lösen der Aufgaben: Gefahren digitaler Medien
4. *individuelle Lösung*

M1 EINSTIEGSIMPULS

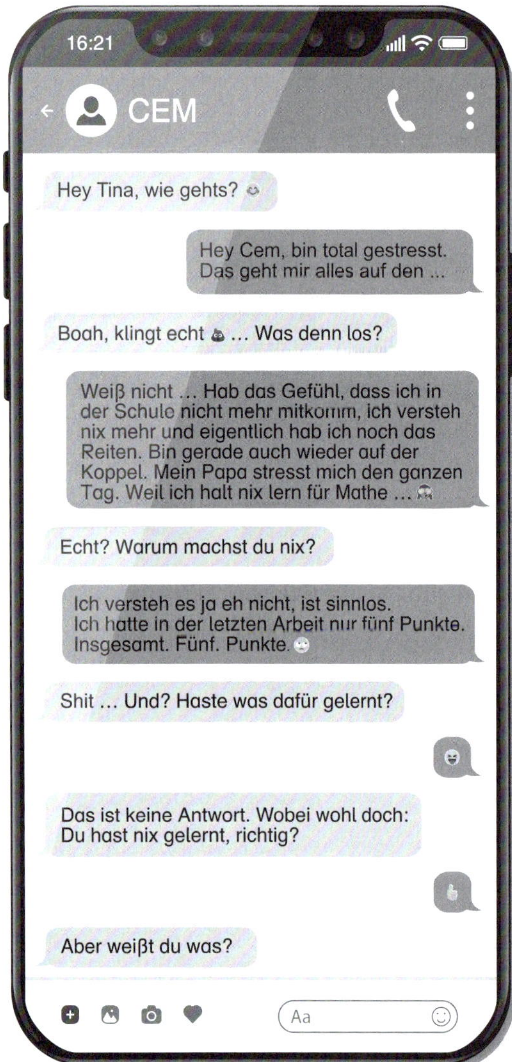

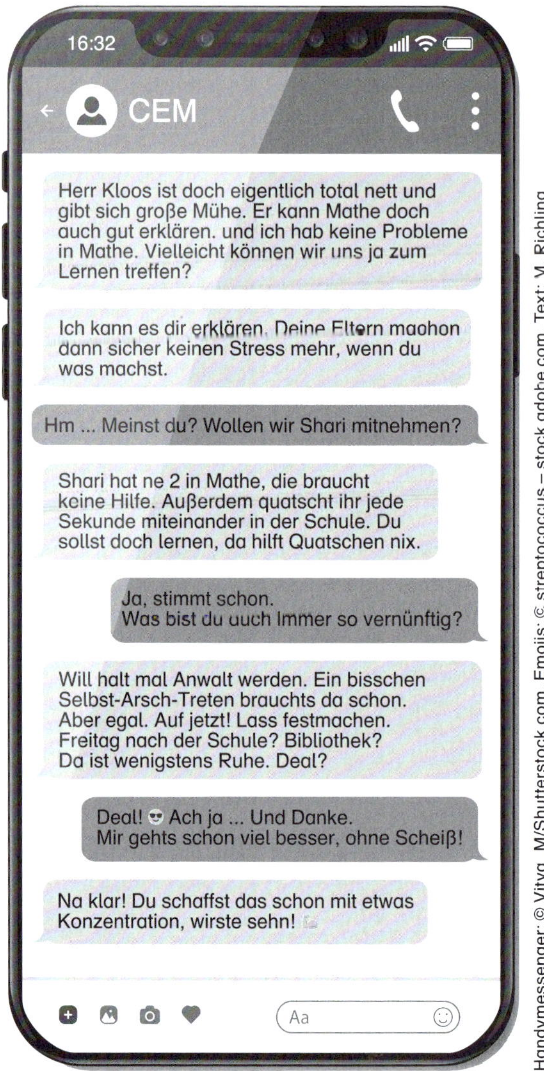

1. Erkläre, welches Problem im oberen Chatverlauf dargestellt wird.

___

2. Vergleiche die beiden Freunde miteinander und stelle Unterschiede heraus.

___

___

3. Beschreibe die Situation, wenn in diesem Moment beide kein Handy hätten.

___

___

4. Erkläre, wie das Handy Tina in dieser Situation geholfen hat.

___

5. Erläutert in der Klasse mithilfe von Beispielen andere Momente, in denen das Handy im Leben helfen kann.

M2 LÖSEN EINES ESCAPE-ROOMS

Anleitung zur Lösung eines digitalen Escape-Rooms

- Einen Escape-Room kennst du vielleicht schon aus Erzählungen. Hier werden Freiwillige in einen Rätselraum eingesperrt. Wenn sie das Rätsel innerhalb einer vorgegebenen Zeit lösen, dann werden sie aus dem Raum entlassen und können sich feiern. Falls sie es nicht schaffen, kommen sie zwar auch aus dem Raum, aber sie haben eine herbe Enttäuschung erlitten. Trotzdem wissen sie einiges mehr: Sie kennen die Gruppe, mit der sie gerätselt haben, besser und wissen, was sie beim nächsten Mal vielleicht verbessern konnen, damit sie rechtzeitig fertig werden.
- Ihr löst in den kommenden zwei Schulstunden nun auch einen solchen Escape-Room, aber dieser ist nur digital. Niemand sperrt euch ein. Dennoch löst ihr gemeinsam die Rätsel und Aufgabenstellungen.
- Für jede gelöste Aufgabe erhaltet ihr ein Lösungswort, dass ihr euch für später notieren müsst
- Passt gut auf und verschreibt euch nicht beim Notieren der Wörter, sonst kommt ihr nicht auf die richtige Lösung.
- Welche Gruppe ist am Ende am schnellsten?

1. Scannt den QR-Code (oder geht auf folgende Seite: https://learningapps.org/watch?v=pyvx7v27n24). Nutzt dazu ein Tablet oder einen Computer, denn das Handy ist leider in diesem Fall keine gute Idee.

2. Löst die Rätsel und notiert hier die Lösungswörter:

Aufgabe 1: Messaging-Dienste ____________________

Aufgabe 2: digitale Medien und Informationen ____________________

Aufgabe 3: Wortfindespiel zum Nutzen digitaler Medien ____________________

Aufgabe 4: Kreuzworträtsel zum Nutzen digitaler Medien ____________________

Aufgabe 5: Rätselspiel zum Onlineeinkauf ____________________

3. Wenn ihr fertig seid, dann meldet das Passwort im Flüsterton eurer Lehrkraft. Leise, damit die anderen nichts mitbekommen ☺.

4. Schon durch? Sucht euch eine der folgenden Aufgaben aus und bearbeitet sie gemeinsam.
   - ☐ Erstellt gemeinsam einen kurzen Eintrag für ein Online-Lexikon über Online-Shopping.
   - ☐ Erstellt gemeinsam ein Kreuzworträtsel mithilfe der Informationen über eure Lieblings-Apps.
   - ☐ Erstellt gemeinsam einen Audiotext über den Nutzen digitaler Medien für ein Jugend-Online-Lexikon.

INFORMATIONEN FÜR DIE LEHRKRAFT

EINBETTUNG IN DEN LEHRPLAN:

Im Fach Ethik beschäftigen sich die Lernenden der fünften Jahrgangsstufe mit sich selbst sowie ihrer eigenen Wirklichkeit. Sie nehmen grundlegende Gefühle bei der Bewältigung ihrer neuen Situation an der weiterführenden Schule wahr, etwa die Bedürfnisse und die Herausforderungen in der neuen Schulsituation. Dies kann die neue Klassensituation, das Fachlehrkräfteprinzip oder die Stofffülle sein. Sie lernen, Möglichkeiten zur Bewältigung dieser zu nutzen, sei es die Offenheit, einfache Lernstrategien oder die schulischen Regeln. In diesem Zusammenhang lernen sie auch Faktoren kennen, die die Wahrnehmung beeinflussen, beispielsweise Vorwissen, Interessen, Erfahrungen, Einstellungen, Gewohnheiten, Vorurteile, Alter oder Stimmungen. In diesem Fall kann man sehr gut das private vom schulischen Umfeld trennen sowie auf die besonderen Erlebnisse und das Vorwissen eingehen. Zusammen mit den im Lehrplan behandelten Sinnen kann nun eine umfassendere Analyse des eigenen Lebens stattfinden.
Diese Kompetenz des Sich-Selbst-Wahrnehmens ist wesentlich für das spätere Leben der Lernenden. Denn auch im Lehrplan wird festgehalten, dass durch den Einsatz von vielfältigen Sinnen, Perspektivwechsel, Offenheit und Neugier eine begründete Urteilsfindung stattfinden und eine reflektierte Fremd- und Selbstwahrnehmung erfolgen kann. Eine Anbahnung dieser Reflexionen soll mithilfe der vorliegenden Einheit stattfinden.

VORBEREITUNG:

- **M1** als Einstieg in Klassenstärke kopieren
- **M2** mit Steckbrief in Gruppenstärke kopieren
- **M3** mit Quadrama-Anleitung in Gruppenstärke kopieren
- **M4** mit Quadrama-Faltvorlage viermal pro herzustellendem Quadrama kopieren oder **M4** einmal als Ansicht und vier gleichgroße quadratische Faltblätter pro herzustellendem Quadrama zur Verfügung stellen
- eigenes Quadrama als Ansichtsexemplar erstellen
- Schere, Kleber und evtl. Bastelutensilien bereitstellen

STUNDENABLAUF:

Zeitbedarf: mindestens zwei Unterrichtsstunden
Ein Quadrama zu erstellen, ist recht zeitaufwändig. Denn es wird nicht nur gebastelt, sondern auch „verziert“ und beschriftet. Und die Beschriftung kann nur dann erfolgen, wenn sich auch über die eigene Lebenswelt Gedanken gemacht wurde. Die Einheit bezieht sich – ähnlich wie die anderen – auf mehrere Unterrichtsstunden. Das Material für die Quadramas sollte ab Beginn der Erstellungsphase entweder im Klassenraum ausgelegt oder allen Lernenden bereits zu Beginn ausgehändigt worden sein. So können alle in ihrem eigenen Tempo selbständig arbeiten.

1. Einstieg/Motivationsphase:

Die Lernenden bekommen als stummen Impuls das erste Wort „Aop“ des Worträtsels präsentiert und sollen herausfinden, welches andere man daraus bilden kann. Normalerweise kommt dabei schnell „Opa“. Danach beschäftigt sich die Klasse mit **M1**.

Teilaufgaben 3 und 4 werden gemeinsam verbessert und mithilfe der Ideen aus der Klasse ergänzt.

2. Erarbeitungsphase:

M2 wird dann ausgeteilt, um hier eine Basis für das Quadrama zu haben. Die Impulse sollen auf die Sprünge helfen, um Inhalte für die einzelnen Seiten zu finden.

Die Lehrkraft zeigt anschließend ein fertig gebasteltes Quadrama zur eigenen Lebenswelt mit den Seiten „Schule“, „meine Sinne und ich“, „meine Familie“ und „Erfahrungen und Erlebnisse“.

Gemeinsam wird in der Klasse überlegt, auf welche Weise vorzugehen ist.

Danach zeigt die Lehrkraft die Anleitung zum Falten eines Quadramas und händigt diese ggf. an die Lernenden aus. Wichtig ist, dass alle Schritte besprochen und evtl. auch beispielhaft vorgeführt werden.

Die Lernenden erstellten nun ihre eigenen Quadramas mithilfe von **M3** und **M4**. Dies kann mehrere Unterrichtsstunden dauern. Die Lehrkraft unterstützt hierbei, falls nötig.

3. Feedback:
Die fertigen Quadramas werden in der Klasse präsentiert und vorgestellt. Dies kann im Ganzen erfolgen oder aber auch nur exemplarisch, falls einige Lernende ihre privaten Belange nicht vor der Klasse darstellen wollen.

M1 – MEIN LEBEN, MEINE UMWELT

1.

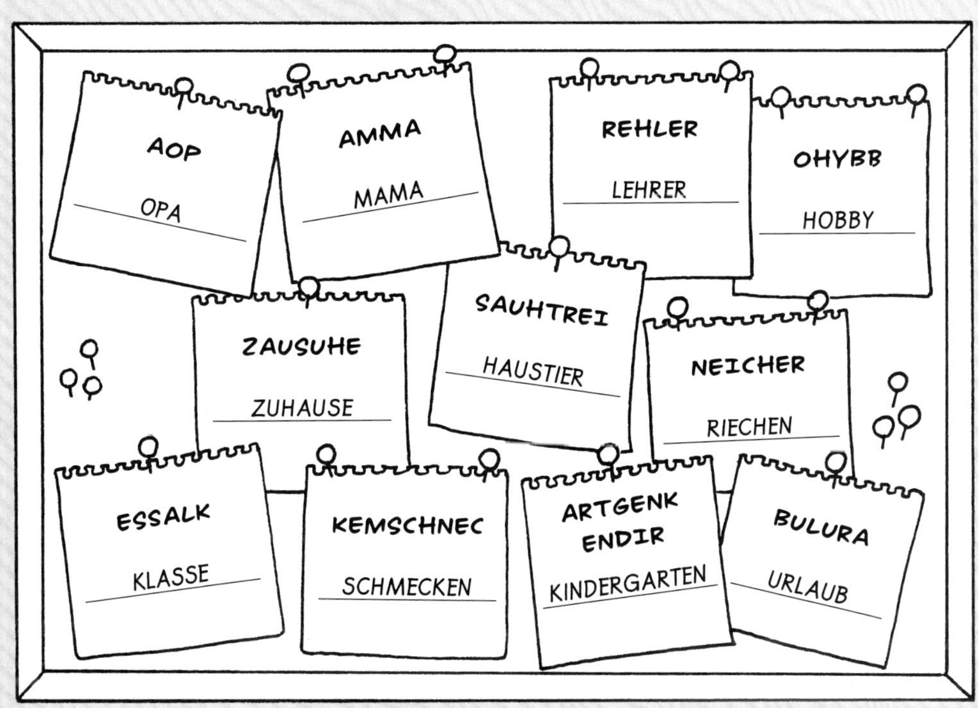

	Familie	fünf Sinne	Schule	vergangene Erfahrungen und Erlebnisse
3.	Opa, Mama, Zuhause, Haustier	Riechen, Schmecken	Lehrer, Klasse	Kindergarten, Hobby, Urlaub
4.	Oma, Bruder, Schwester, Tante, Onkel, Stiefbruder, Stiefvater, Stiefmutter usw.	Tasten/Fühlen, Hören, Sehen	Pausenhof, Schullandheim, Tests, Abfragen, Noten, Referate, Freunde, Unterricht usw.	Ferienlager, Ausflüge, Albträume, Verletzung, Hausarbeit, Vereinstätigkeit, Geburtstag, Milchzähne, Arztbesuche usw.

M1 MEIN LEBEN, MEINE UMWELT

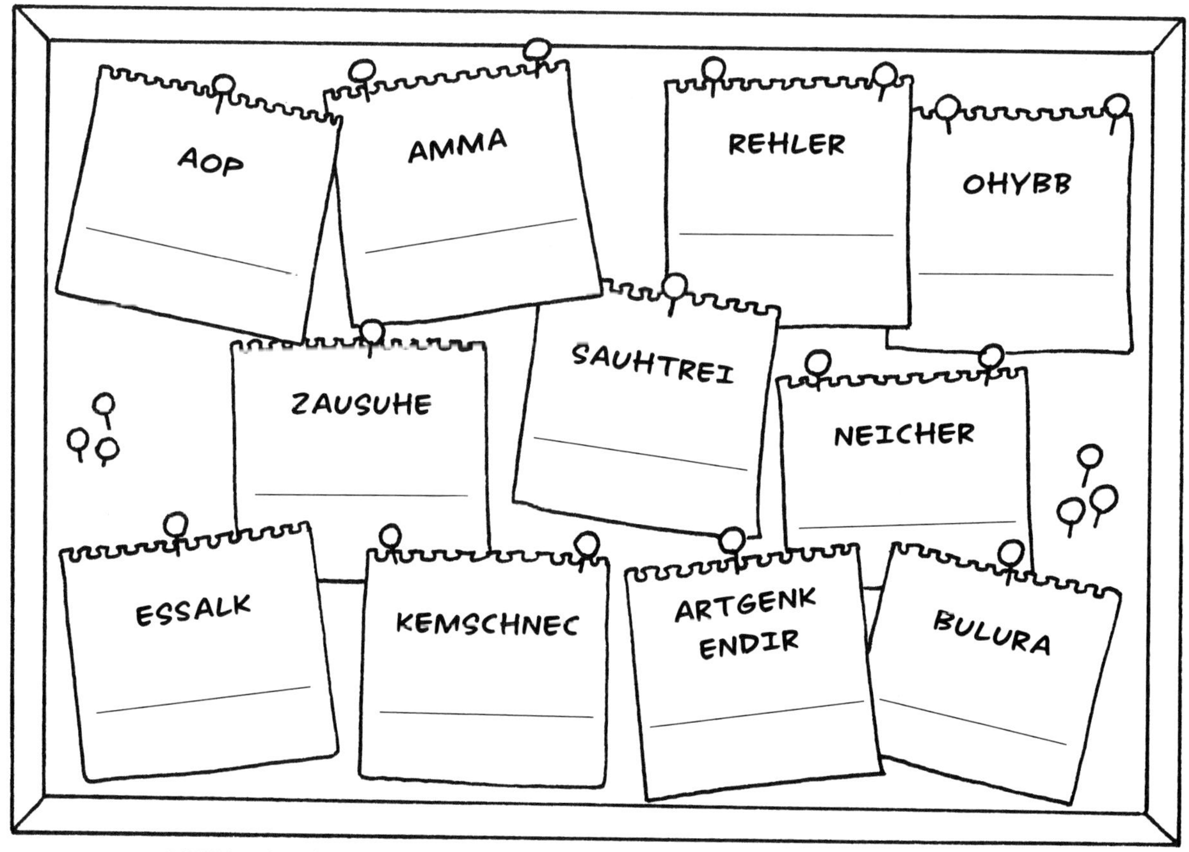

OPA – MAMA – LEHRER – HOBBY – ZUHAUSE – HAUSTIER – RIECHEN – KLASSE – SCHMECKEN – KIMDERGARTEN – URLAUB

1. Setze die Buchstaben aus der oberen Box in die richtige Reihenfolge und finde die Wörter. Die Lösung findest du unter der Pinnwand in Spiegelschrift.
2. Tausche dich mit deinem Banknachbarn aus. Bei welchen Begriffen musstet ihr nachschauen, welche waren besonders leicht?
3. Ordnet zu zweit die entstandenen Begriffe in die untenstehende Tabelle ein.
4. Findet zu zweit jeweils noch mindestens drei weitere Begriffe pro Kategorie.

Familie	fünf Sinne	Schule	vergangene Erfahrungen und Erlebnisse

M2 STECKBRIEF: DAS BIN ICH

1. Mein Leben in der Schule:

Name der Schule: ______________________

Klasse: ______________________

Das war bisher echt spannend oder lustig: ______________________

Lieblingsfächer: ______________________

Schwere Fächer: ______________________

Sitznachbar: ______________________

Klassenlehrkraft: ______________________

Pausenspiele: ______________________

Platz für eigene Gedanken: ______________________

____

2. Diese Sinne sind besonders wichtig für mich:

Sehen: *Wir nutzen das Sehen, um zum Beispiel unsere Umgebung zu erkennen, Hindernisse auf unserem Weg zu erkennen und auf Warnsignale zu achten.*
Hören: *Den Hörsinn nutzen wir, um beispielsweise Geräusche wahrzunehmen und zu interpretieren, auf Warnsignale zu achten und uns zu orientieren.*
Schmecken: *Wir nutzen den Geschmackssinn, um etwa verschiedene Geschmacksrichtungen zu unterscheiden und verdorbene Lebensmittel zu erkennen.*
Riechen: *Den Geruchssinn nutzen wir, um verschiedene Gerüche, mögliche Gefahren (wie beispielsweise Rauch) und verdorbene Lebensmittel zu erkennen.*
Tasten/Fühlen: *Wir nutzen den Tastsinn, um Druck, Temperaturunterschiede und Bewegungen zu spüren und die Beschaffenheit von Gegenständen zu erkennen.*

Für meine Aufgaben daheim: ______________________

Zum Entspannen/zur Erholung/zur Unterhaltung (Brettspiele, digitale Spiele, Filme usw.): ______________________

Für meine Hobbys: ______________________

Für mein Haustier: ______________________

Für das Genießen von Essen/Trinken: ______________________

Für meine Lieblingssportarten: ______________________

Für meinen Schulweg: ______________________

Platz für eigene Gedanken: ______________________

____

3. Mein Leben außerhalb der Schule:

Diese Menschen passen auf mich auf: ______________________

Meine Hobbys: ______________________

Meine Haustiere: ______________________

Mein Zimmer: ______________________

Mein Geburtstag/mein Namenstag: ______________________

Mein Wohnort: ______________________

Meine Freunde: ______________________

Mein Lieblingsessen: ______________________

Mein Lieblingstier: ______________________

Mein Traum für die Zukunft: ______________________

Platz für eigene Gedanken: ______________________

____

4. Meine Erlebnisse vor der 5. Klasse:

Ausflüge: ______________________

Urlaube/Erlebnisse im Urlaub: ______________________

Schöne Ferienzeiten: ______________________

Ferienlager: ______________________

Schwierige Erlebnisse: ______________________

Erfolgserlebnisse: ______________________

Traurige Erlebnisse: ______________________

Spannende Erlebnisse: ______________________

Langweilige Situationen: ______________________

Enttäuschungen: ______________________

Platz für eigene Gedanken: ______________________

____

All diese Informationen kannst du für dein Projekt nutzen.
Aber alle wirst du nicht einbringen können, du musst dir überlegen, was wichtig ist.

M3 ANLEITUNG ZUM FALTEN EINES QUADRAMAS

Ein Quadrama ist eine nach vier Seiten offene Pyramide aus Papier.
Es ist eine kreative Möglichkeit, Inhalte dreidimensional darzustellen.

Dein Quadrama hat das Thema „Mein Leben, meine Umwelt".

Die vier Seiten beschäftigen sich mit folgenden vier Themen:

- Mein Leben in der Schule
- Meine wichtigsten Sinne in meinem Leben
- Mein Leben außerhalb der Schule
- Meine bisherigen Erlebnisse

So gehst du vor:

	Lege das Blatt Papier wie abgebildet vor dich. Falte es entlang der diagonalen Linie zu einem Dreieck (siehe Pfeil).
	Das Blatt ist nun ein Dreieck. Mach daraus ein kleineres Dreieck, indem du es in der Mitte faltest (siehe Pfeil).
	Dein Blatt ist nun ein kleines Dreieck.
	Entfalte das Dreieck und schneide es an der schwarzen Linie ein.
	Bringe etwas Klebstoff an der markierten Stelle an.
	Dann klebe das danebenliegende Dreieck auf die markierte, mit Klebstoff versehene Stelle.
	Fertig! Du brauchst vier solcher Dreiecke. Klebe sie zusammen wie abgebildet.

M4 FALTVORLAGE FÜR EIN QUADRAMA

Für ein Quadrama (siehe rechts) brauchst du 4x diese Vorlage.

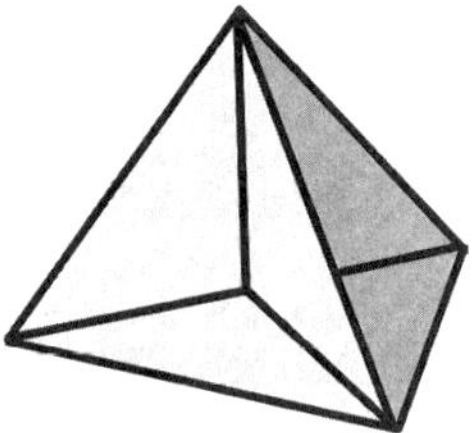

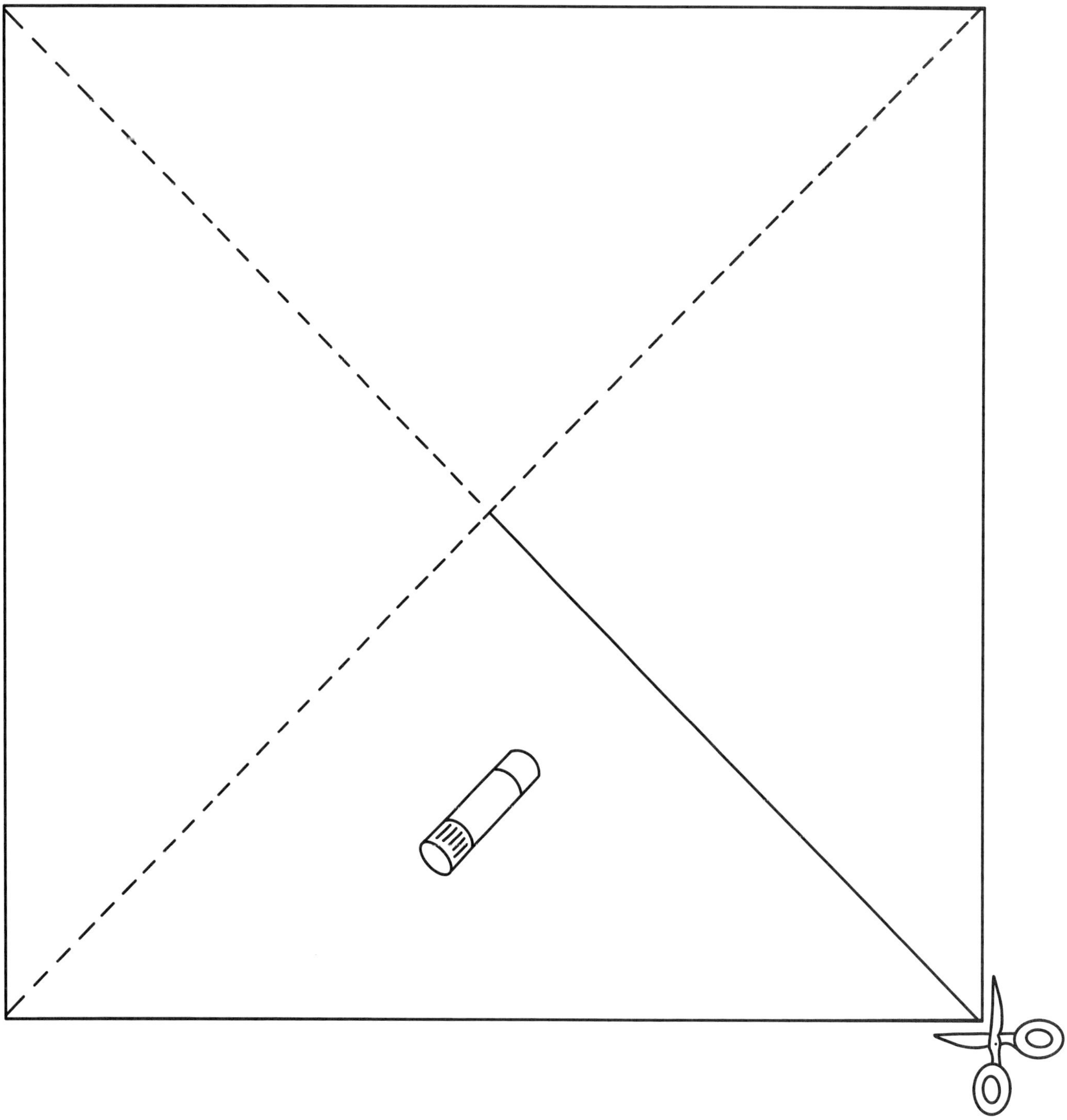

INFORMATIONEN FÜR DIE LEHRKRAFT

EINBETTUNG IN DEN LEHRPLAN:

In der sechsten Jahrgangsstufe sollen die Lernenden sich mit dem Thema der Freizeitgestaltung auseinandersetzen. Dabei begründen sie ihre persönlichen Präferenzen. Gleichzeitig wird auch die Kompetenz angebahnt, die Freizeit als wertvolle Möglichkeit der Selbstverwirklichung sowie als Ausgleich zu schulischen oder familiären Verpflichtungen und Aufgaben zu schätzen. Hierbei gibt es verschiedene Kriterien wie Bewegung, Entspannung, Kreativität, Muße oder die Freude an sozialen Kontakten, die eine Freizeitaktivität sinnvoll erscheinen lassen. Dabei aber gibt es gerade heutzutage eine Entwicklung hin zu einem gewissen Freizeitstress unter Jugendlichen oder aber auch zu einer übermäßigen Beschäftigung mit Freizeitprodukten, besonders im digitalen Bereich. Zwischen schulischen Anforderungen und berechtigten eigenen Interessen gibt es zunehmend Eltern, die einen expliziten Freizeitdruck ausüben. Meist ist dieser unbewusst, doch wenn dann (spätestens in der Pubertät) ein Ausbruch aus diesen Strukturen erfolgt, ist die Verwirrung groß. Denn die wenigsten bedenken, dass die Gehirne der Heranwachsenden große Baustellen sind und deren Kontrollmechanismus sowie die Abschirmung von suchtgefährdenden Dingen wie digitalen Spielen noch kaum vorhanden sind. Deshalb ist es auch so wichtig, dass rechtzeitig über verschiedene Möglichkeiten der Freizeitgestaltung informiert wird.
Um einmal eine genauere Analyse der eigenen Woche durchzuführen, wird in dieser Einheit in das Thema Freizeit eingeführt. Im Anschluss daran wird ein ausführliches Logbuch geführt.

VORBEREITUNG:

- **M1** als Einstieg einmalig kopieren und als Impuls mit Dokumentenkamera oder anderweitig als Impuls nutzen
- **M2** und **M3** mit Arbeitsaufträgen und **M4** mit Wochenlogbuch in Klassenstärke kopieren

STUNDENABLAUF:

Zeitbedarf: mindestens zwei Unterrichtsstunden

1. Einstieg/Motivationsphase:

Die Lernenden bekommen als stummen Impuls das Bild aus **M1** präsentiert. Im Klassenverband wird besprochen, was unter Think-Pair-Share zu verstehen ist. Sodann wird mit der Einzelarbeitsphase begonnen.

Die Aufgaben 2 und 3 von **M1** werden dementsprechend bearbeitet.

2. Erarbeitungsphase:

M2 wird dann ausgeteilt und die Aufgaben 1 bis 3 als Basisinformation in Einzelarbeit besprochen gelöst. Danach folgt eine Besprechung der Lösung.

Die Aufgaben 4 und 5 werden im Plenum besprochen. Die Abstimmung kann über Auszählung oder per Meinungsbildung über Klebepunkte oder heimlich per Briefwahl erfolgen.

Das dazugehörige Video von Aufgabe 6 wird gemeinsam angesehen, die Lücken jeweils einzeln ausgefüllt. Danach wird im Plenum verbessert.

Das Berichten über die eigenen Erfahrungen (Aufgabe 7) kann durchaus länger dauern. Falls die Klasse nicht aktiv ist, kann auch die eigene Erfahrungswelt der Lehrkraft helfen, sodass das eigene Beispiel einen Gesprächsanlass bietet. Gleichzeitig kann es hilfreich sein, wenn danach gefragt wird, ob bei älteren Geschwistern vielleicht ein Hobby schon einmal einen Streit mit den Eltern verursacht hat, denn spätestens in der Pubertät sind Handykonsum oder Feierverhalten oftmals ein Garant für ein Spannungsverhältnis zwischen Eltern und Kindern.

M3 und **M4** sind als Blätter zu verstehen, mithilfe derer eine Woche des intensiven Beobachtens begonnen wird. Hier ist es wichtig, die Kinder – sofern man sie auch noch anderweitig in der Schule sieht – immer wieder einmal an die Wochenaufgabe zu erinnern. Denn falls die Aufgabe auf die Schnelle an einem Abend erledigt wird, ist sie oft ungenau oder unter Druck nicht besonders wertvoll. Es ist auch hilfreich, diese Aufgabe bereits in der Schule zu beginnen, um einen gewissen Eindruck von ihr zu erhalten und erste Fragen zu klären.

3. **Feedback:**

Hier ist es auch sehr gut möglich, im Anschluss an diese Einheit, zu überlegen, welche Freizeitaktivität eventuell insgesamt wertvoller als andere ist. Also ob beispielsweise die Vorteile eines Hobbys in der Natur die von digitalen Hobbys überwiegen.

LÖSUNGSKASTEN:

M1 – EINSTIEGSIMPULS

1. Beschreibung: Im **Bild oben links** sind ein Älterer Mann mit weißem Bart und ein kleiner Junge abgebildet. Der ältere Mann bückt sich zum Kind hin und beide halten ein Eis in der Hand. Sie lachen sich gegenseitig an und sehen glücklich aus. Es könnten ein Opa und sein Enkel sein. Im **Bild oben rechts** ist ein Junge mit kurzen Haaren zu sehen. Er liegt auf der Seite und schläft. Womöglich ist er entspannt oder erschöpft. Das **mittlere Bild** zeigt vier Personen auf einem Sofa. Die beiden Frauen links und rechts sehen verärgert und entrüstet aus, während das Mädchen und der Mann jubeln und sich freuen. Alle tragen Schals in zwei unterschiedlichen Farben und schauen in die selbe Richtung. Es handelt sich womöglich um eine Familie, die eine Liveübertragung eines Wettkampfs anschaut. **Unten links im Bild** sind Fußballspieler in Aktion abgebildet, wobei zwei gerade in einem Zweikampf verwickelt sind und um den Ball kämpfen. **Auf dem letzten Bild** sieht man zwei blonde Mädchen, die alleine in einem Fahrgeschäft auf einem Rummel fahren. Beide halten sich am Metallbügel vorne fest. Beide haben den Mund geöffnet, wobei das rechte Mädchen zu lachen scheint.
   Gemeinsamkeiten: Alle Bilder zeigen Aktivitäten, die man alleine oder mit anderen gemeinsam macht. Diese Aktivitäten können im Alltag stattfinden oder wenn man frei hat, also im Urlaub oder in der Freizeit. Dabei können ganz unterschiedliche Emotionen wahrgenommen werden.

2. / 3. *individuelle Lösung*

M2 – WAS IST FREIZEIT UND WIE GESTALTE ICH SIE SINNVOLL?

1. Freizeit ist die Zeit, die ich nicht mit schulischen Aufgaben oder familiären Aufträgen verbringe.
2. Ich kann in meiner Freizeit zum Beispiel Fußball spielen, ein Comic lesen, auf dem Sofa entspannen oder meine Lieblingsmusik hören. Ich könnte aber auch Videos im Internet ansehen, um mich zu abzulenken.
3. Im Unterschied zum Alltag ist Freizeit die Zeit, die ich nicht mit schulischen oder familiären Aufgaben verbringe. Hier kann ich tun, was ich möchte. Im Gegensatz dazu ist der Alltag die Zeit, in der ich etwas tun muss, zum Beispiel in der Familie oder in der Schule.

4. / 5. *individuelle Lösung*

6. **der Name des Jungen, der Probleme hat:** Sebastian
   sein Problem: zu viel Handyzeit, dadurch schlechte Noten, traurige Mutter
   wie sie helfen wollen: ihn ansprechen und Tipps geben, wie er sich Zeit einteilt
   warum sein Freund auch noch traurig ist: hat ihn lange nicht gesehen
7. *individuelle Lösung*

M3 – MEIN WOCHENLOGBUCH

individuelle Lösung

M1 EINSTIEGSIMPULS

© hedgehog94 – stock.adobe.com

© Fabio Principe – stock.adobe.com

© master1305 – stock.adobe.com

© matimix – stock.adobe.com

© Anja Greiner Adam – stock.adobe.com

1. THINK – 2 MINUTEN:
Beschreibe, was du in diesen Bildern siehst, und erkläre in kurzen Worten, was sie miteinander gemeinsam haben.

2. PAIR – 5 MINUTEN:
Tauscht euch zu zweit über eure Meinung aus und erzählt euch gegenseitig von euren schönsten ähnlichen Erlebnissen.

3. SHARE – 10 MINUTEN:
Tauscht euch in einer Gruppe (3–5 Personen) über eure Erlebnisse aus und findet heraus, wie ihr am liebsten eure Freizeit verbringt. Erstellt dabei eine Rangfolge der drei beliebtesten Freizeitaktivitäten eurer Gruppe, um sie gemeinsam kurz vor der Klasse vorzustellen.

M2 WAS IST FREIZEIT UND WIE GESTALTE ICH SIE SINNVOLL?

Grundlegende Informationen: Was ist Freizeit?

Freizeit ist die Zeit, die man nicht mit schulischen oder familiären Verpflichtungen verbringt. Im Gegensatz dazu ist der Alltag die Zeit, die man mit diesen Verpflichtungen verbringt. In der Freizeit kann man sich entspannen, spielen, Sport treiben, lesen, Musik hören oder andere Aktivitäten ausüben, die man gerne mag. Im Alltag hingegen muss man sich auf schulische Aufgaben konzentrieren, Hausaufgaben erledigen, lernen und sich um die Familie kümmern. Freizeit ist also eine Zeit, in der man seine Träume in die Tat umsetzen kann und sich vom anstrengenden Alltag erholen kann.

1. Erkläre mithilfe des Textes in eigenen Worten den Begriff „Freizeit“.

____

____

____

2. Nenne mithilfe des Textes konkrete Beispiele, wie man seine Freizeit verbringen kann.

____

____

____

3. Vergleiche die Begriffe „Freizeit“ und „Alltag“ und erkläre den Unterschied. Nutze dabei Wörter der Wortfamilien „müssen“ und „können“.

____

____

____

____

4. Erzählt in der Klasse davon, was ihr persönlich daheim tut, um euch vom Alltag zu erholen.

5. Erstellt in der Ethikgruppe gemeinsam eine Rangfolge, was euch besonders gut hilft, um vom Alltag zu entspannen.

Unsere besten Freizeitaktivitäten, um vom Stress im Alltag zu entspannen:

A. ______________________________

B. ______________________________

C. ______________________________

6. Seht euch das Video an und füllt die untenstehenden Zeilen in Stichworten aus.

- der Name des Jungen, der Probleme hat:

____

- sein Problem:

____

____

- wie sie helfen wollen:

____

____

- warum sein Freund auch noch traurig ist:

____

____

7. Berichtet von euren Erfahrungen, bei denen zu viel Freizeit euch ebenfalls Probleme bereitet hat.

M3 MEINE FREIZEIT

Viele Schüler haben nach der Schule noch andere Dinge zu erledigen. Das sind unter anderem das Üben von Musikinstrumenten oder das Training von Sportarten. Wieder andere kümmern sich um ein Tier und pflegen dieses. Sie machen das aus Freude an der Bewegung, Entspannung, weil es sie kreativ anregt, sie innere Ruhe haben möchten oder die Kontakte mit Freunden Energie liefern. Das alles macht extrem viel Spaß, kostet aber auch Zeit. Und zusätzlich zu den Freizeitaktivitäten gibt es auch andere Momente, etwa dann, wenn jemand ein Tablet oder ein Smartphone nutzt, um sich abzulenken. Wie sieht denn dann so ein Tag aus, wenn man eigentlich noch für die Schule lernen müsste und die schriftlichen Hausaufgaben anfallen? Weißt du es bei dir genau?

1. DAS LOGBUCH

Um einmal einen Überblick zu haben, wohin jede Woche deine Zeit fließt, gestalten wir ein Logbuch deiner Woche. Ein Logbuch ist ein Buch, in dem man wichtige Informationen aufschreibt, wie zum Beispiel die täglich zurückgelegte Fahrstrecke, die Fahrgeschwindigkeit und tägliche Ereignisse. Es wird oft in der Seefahrt verwendet, um den Standort des Schiffes auf seiner Fahrt aufzuzeichnen. Wir versuchen nun auf diese Art, deinen Weg durch die Woche aufzuzeichnen.

2. WIE MAN ES GESTALTET

Denke an alle Dinge, die in deiner Woche anfallen und schreibe sie möglichst genau in die Tabelle **M4**. Das können folgende Dinge sein:

Hobbys

- Training einer Sportart (Fußball, Basketball, Schwimmen usw.)
- Training/Treffen in einem anderen Verein (Garde, Theater, Chor, Schwimmverein, Musikkapelle usw.)
- privates Üben für ein Instrument
- Mannschaftswettbewerb/-auftritt (Sport, Musik, Chor, Theater usw.)
- fantasieanregende Hobbies (Lesen, Zeichnen, Basteln usw.)
- Zeit mit Tieren (Hund, Katze, Meerschweinchen, Hase, Pferd, Reptilien usw.)
- Hobbies in der Natur (Wandern, Angeln, Campen etc.)
- Freunde treffen
- Computer-/Konsolen-/Handyspiele

Alltag

- Essenszeiten (Frühstück, Mittagessen, Abendessen usw.)
- Schulzeiten (mit Nachmittagsunterricht und Mittagspausen usw.)
- Hausaufgabenzeiten (Lernen, schriftliche Hausaufgaben usw.)
- Familienzeiten (Gesprächszeiten usw.)
- Haushaltshilfe (Zimmer aufräumen, Wäsche aufhängen usw.)
- Körperhygiene (Duschen, Zähneputzen usw.)
- Schlafzeiten (nachts und während des Tages)
- Transportwege (Busfahrten, Autofahrten usw.)

3. WISSENSWERTES

Laut § 1619 des Bürgerlichen Gesetzbuches (BGB) sind Kinder verpflichtet, im Haushalt ihrer Eltern zu helfen, solange sie dort wohnen und von ihnen erzogen oder unterhalten werden.

M4 MEIN WOCHENLOGBUCH

Uhrzeit	Montag	Dienstag	Mittwoch	Donnerstag	Freitag	Samstag	Sonntag
05:00 Uhr							
06:00 Uhr							
07:00 Uhr							
08:00 Uhr							
09:00 Uhr							
10:00 Uhr							
11:00 Uhr							
12:00 Uhr							
13:00 Uhr							
14:00 Uhr							
15:00 Uhr							

Uhrzeit	Montag	Dienstag	Mittwoch	Donnerstag	Freitag	Samstag	Sonntag
16:00 Uhr							
17:00 Uhr							
18:00 Uhr							
19:00 Uhr							
20:00 Uhr							
21:00 Uhr							
22:00 Uhr – 05:00 Uhr							

ETHIK-QUICK-AUFGABE:

Überleg dir: So viel Zeit verbringe ich pro Woche …

- … in der Schule: ______________________
- … mit Schlafen: ______________________
- … mit Hobbys: ______________________
- … mit Lernen und Hausaufgaben: ______________________

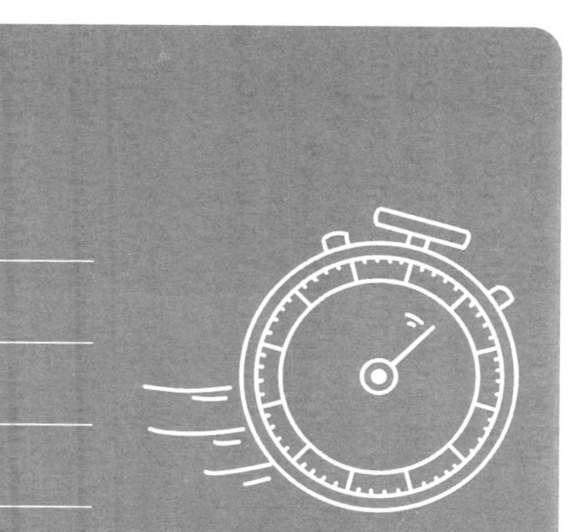

INFORMATIONEN FÜR DIE LEHRKRAFT

EINBETTUNG IN DEN LEHRPLAN:

Die Lehrpläne im Fach Ethik legen in der Mittelstufe einen großen Wert darauf, dass die Lernenden den Wert der Natur erkennen. Das zeigt sich auch unter anderem in den Kompetenzerwartungen in diesen Bereichen. Denn sie sollen dabei auch von den eigenen Alltagserfahrungen ausgehend bewusst wahrnehmen, welche unterschiedlichen Bedeutungen die Natur für den Menschen hat. Gleichzeitig setzen sie sich dabei mit dem Wert der Natur für den Menschen auseinander und zeigen Bereitschaft für einen verantwortungsvollen und bewahrenden Umgang mit der Natur. Auch – und dies ist Dreh- und Angelpunkt der Kompetenzanbahnung – tragen sie in ihrem Schul- und Lebensalltag aktiv zum Schutz von Natur und Umwelt bei.
Diese Einheit soll es der Gruppe ermöglichen, innerhalb der Schule eine Umweltschutz-AG zu gründen. Somit können die Lernenden nicht nur für Umweltprobleme wie Luftverschmutzung, Waldsterben oder Regenwaldabholzung sensibilisieren, sondern auch die Problembereiche im Umgang mit Tieren thematisieren (zum Beispiel Tiere als Nahrungsmittel, Massentierhaltung, Tierversuche oder die Zerstörung natürlicher Lebensräume der Tiere). Dabei sollen aber auch konkrete Handlungsmöglichkeiten aufgezeigt werden, etwa der Konsum langlebiger bzw. regional-saisonaler Produkte, die Einsparung von Ressourcen oder die Müllvermeidung. Besonders spannend kann hier eine Anknüpfung an den Schulalltag sein, um so die eigene Schule nachhaltiger zu gestalten. Und diese findet mithilfe der vorliegenden Einheit statt.

VORBEREITUNG:

- **M1** als Einstieg einmalig kopieren und als Impuls mit Dokumentenkamera nutzen
- **M2** mit allgemeinen Arbeitsaufträgen in Gruppenstärke kopieren
- **M3** als Feedback-/Reflexionsbogen in Klassenstärke kopieren
- **M4** mit Vorbereitungsaufgaben in Gruppenanzahl kopieren
- **M5–M7** mit den gruppenspezifischen Arbeitsaufträgen für die jeweiligen Gruppen kopieren
- **M8** mit der Zusammenfassung der beschlossenen Maßnahmen in Klassenstärke kopieren

STUNDENABLAUF:

Zeitbedarf: mindestens vier Unterrichtsstunden

1. Einstieg/Motivationsphase:

Die Lernenden bekommen als stummen Impuls das Bild aus **M1** präsentiert. Im Klassenverband wird besprochen, was unter Think-Pair-Share zu verstehen ist. Sodann wird mit der Einzelarbeitsphase begonnen. Die Aufgaben 2 und 3 von **M1** werden dementsprechend bearbeitet.

2. Erarbeitungsphase:

M2 wird dann ausgeteilt und Aufgabe 1 als Basisinformation in Einzelarbeit besprochen gelöst. Danach erfolgt eine Besprechung.

Die Aufgaben 2 und 3 von **M2** werden danach in der Gruppe bearbeitet und vorgestellt.

M3 wird ausgeteilt und die Verhaltensregeln zur Gruppenarbeit besprochen. Dieses Blatt soll für die abschließende Reflexion aufgehoben werden.

Die Lernenden finden sich in Gruppen zusammen und bearbeiten die Aufgabe 1 von **M4**. Die Aufgaben 2 und 3 von **M4** werden gemeinsam im Plenum angegangen. Hier braucht es eine ruhige Hand und das Auge dafür, dass sich niemand aus dem Ganzen herausnimmt. Es empfiehlt sich, ganz konkret Namen zu fixieren und die Klasse diese auch abschreiben zu lassen, sodass Verantwortlichkeiten klar sind.

Die Gruppen werden einem der drei Teams zugeordnet, erhalten dementsprechend **M5**, **M6** oder **M7** und arbeiten nun in den Einzelgruppen an ihren Ideen. Diese Phase kann etwas mehr Zeit in Anspruch nehmen.

Im Anschluss an die Arbeit in den Einzelteams, stellen die Gruppen ihre Ergebnisse vor. Diese werden auf der Übersichtsseite **M8** die wichtigsten besprochenen Fakten für alle festgehalten.

3. Feedback:

Die Lernenden füllen ihren Reflexionsbogen **M3** aus und beurteilen die Gruppenarbeitsphasen.

Diese Herangehensweise an die Thematik ist hochspannend, aber auch komplex. Vonseiten der Lehrkräfte aber auch der Lernenden ist hier Eigeninitiative vonnöten. Mitunter ist es hilfreich, die Schulleitung im Vorfeld als Lehrkraft zu kontaktieren, um auszuloten, wieviel Unterstützung hier erwartet werden kann. Denn nichts ist frustrierender für die Lernenden als etwas starten zu wollen und gleich zu Beginn durch die oberste Instanz ausgebremst zu werden.
Im Laufe der Arbeitsphase muss auch klar sein: weniger ist mehr. Es sind bewusst sehr viele Fragen und Impulse gegeben, aber keinesfalls muss allen nachgegangen werden. Manchmal reicht auch schon ein gesunder Pausenverkauf, der als Gruppe zusammenschweißt oder einfach etwas Neues startet. Hier gilt es, dass realistisch gedacht wird. Denn besonders die Kinder einer 7. Klasse sind mitunter vergesslich und müssen auf Deadlines häufig hingewiesen werden.
Die Frage ist auch, inwiefern hier auch Mehrarbeit durch die Lehrkraft geleistet wird, sei es durch die Organisation einer Abendveranstaltung oder einer Projektwoche. Anzuraten ist auch, sich Gleichgesinnte im Kollegium zu suchen, mithilfe derer man die Arbeitslast auf verschiedene Schultern verteilen kann. Dies kann auch helfen, wenn das Vorgespräch mit der Schulleitung ansteht. Denn niemand kann es schlechtheißen, wenn sich Leute aus dem Kollegium bereits zusammengetan haben und eine sinnvolle – auch außenwirksam positiv wirkende – Aktion unterstützen wollen.

LÖSUNGSKASTEN:

M1 – EINSTIEGSIMPULS

1. Das Bild zeigt einen großen Müllberg mit zahlreichen verschiedenen Arten von Abfall, einschließlich Plastik, Metall, und anderen Materialien. Oben auf dem Berg befindet sich ein Bulldozer, der anscheinend zur Verdichtung oder Verteilung des Mülls eingesetzt wird. Der Müllberg wirkt sehr hoch, und der Bulldozer scheint im Vergleich dazu relativ klein.
Um die Höhe des Müllbergs abzuschätzen, kann man die Höhe des Bulldozers als Referenz nehmen. Ein typischer Bulldozer ist etwa 3 bis 4 Meter hoch. Da der Müllberg viel höher ist als der Bulldozer und dieser nur einen kleinen Teil der Höhe des Berges ausmacht, kann man schätzen, dass der Müllberg etwa 30 hoch ist.

2. / **3.** *individuelle Lösung*

M2 – GRUNDLEGENDE INFORMATIONEN: WAS IST UMWELTSCHUTZ?

1. Durch Umweltschutz sorgt man dafür, dass die Umwelt nicht geschädigt wird. Dies betrifft den Erhalt der Natur, aber auch das Reinhalten der Luft, des Wassers, der Böden und das Schützen des Klimas.

2. Am wichtigsten ist der Umweltschutz für Kinder und Tiere, denn sie leiden am meisten unter den Folgen des Klimawandels.

3. *individuelle Lösung* – hier ein paar mögliche Beispiele:
- Ich kann auch in der Schule den Müll trennen und damit recyceln.
- Ich kann Müll, der auf dem Boden liegt, aufheben und in den richtigen Müll werfen.
- Ich kann den Wasserhahn auf der Toilette ausmachen, wenn ich mir die Hände einseife.
- Wenn wir den Raum verlassen, mache ich als Letzter das Licht aus.
- Ich nutze für mein Pausenbrot eine wiederverwertbare Brotdose.
- Ich könnte mit dem Fahrrad zur Schule fahren oder den Bus nutzen, anstatt von meinen Eltern mit dem Auto zur Schule gefahren zu werden.

M3–M7 – GRÜNDUNG EINER UMWELT-AG

individuelle Lösung

M1 EINSTIEGSIMPULS

© vchalup – stock.adobe.com

1. THINK – 2 MINUTEN:
   Beschreibe, was du in diesem Bild siehst und schätze, wie hoch der Berg ist.

2. PAIR – 5 MINUTEN:
   Tauscht euch zu zweit über eure Meinung aus und spekuliert, welche negativen Folgen für unsere Erde dadurch entstehen. Was könnt ihr tun, damit das verhindert wird?

3. SHARE – 10 MINUTEN:
   Tauscht euch in einer Gruppe (3–5 Personen) über eure Ergebnisse aus und findet gemeinsam die besten Ideen. Schreibt diese auf einen kleinen Zettel, um sie gemeinsam kurz vor der Klasse vorzustellen.

M2 GRUNDLEGENDE INFORMATIONEN: UMWELTSCHUTZ

„Was ist Umweltschutz?“

Umweltschutz bedeutet, dass man dafür sorgt, dass die Umwelt nicht geschädigt wird. Dabei geht es nicht nur um den Erhalt der Natur, sondern auch um die Reinhaltung der Luft, des Wassers, der Böden und um den Klimaschutz. Sauberes Wasser, gesunde und ausreichende Ernährung und gute Luft sind wichtig für unser Überleben. Kinder und Tiere sind besonders anfällig für Umweltbelastungen und leiden am meisten unter den Folgen des Klimawandels. Es gibt viele Möglichkeiten, wie Kinder und Jugendliche helfen können, die Umwelt zu schützen.

Zum Beispiel können sie:
- Müll trennen und recyceln
- Wasser sparen, indem sie beim Zähneputzen den Hahn zudrehen
- Strom sparen, indem sie das Licht ausschalten, wenn sie einen Raum verlassen
- auf Plastik verzichten und stattdessen wiederverwendbare Behälter verwenden
- beim Einkaufen auf regionale und saisonale Produkte achten
- zu Fuß oder mit dem Fahrrad zur Schule gehen, anstatt mit dem Auto gefahren zu werden

1. Erkläre mithilfe des Textes den Begriff „Umweltschutz“ und nenne die Bereiche, die den Umweltschutz betreffen.

____

____

____

2. Nenne diejenigen, für die der Umweltschutz am wichtigsten ist.

____

____

____

3. Erläutere anhand von zwei Beispielen, wie du persönlich in deinem Schulalltag die Umwelt schützen kannst. Schreibe in ganzen Sätzen.

____

____

____

____

M3 SO GELINGT GRUPPENARBEIT

Voraussetzungen für eine gelingende Gruppenarbeit	Wie gut ist mir das gelungen?		
Ich möchte fair und respektvoll bleiben.	🙂	😐	🙁
Ich möchte, dass wir später stolz auf unser Ergebnis sind, und gebe mein Bestes.	🙂	😐	🙁
Ich habe eine Rolle und Aufgabe, die möchte ich besonders gut erfüllen.	🙂	😐	🙁
Ich weiß, dass die anderen sich auch Mühe geben und lenke sie deshalb nicht ab.	🙂	😐	🙁
Wir vereinbaren Treffen, zu denen ich verlässlich erscheine.	🙂	😐	🙁
Wir erstellen uns einen Zeitplan und an den möchte ich mich halten.	🙂	😐	🙁
Weil ich vielleicht vergesslich bin, speichere ich mir eine Erinnerung weit vor der Abgabe meines Ergebnisses ein.	🙂	😐	🙁
Ich möchte die anderen nicht ausbremsen, sondern unterstützen. Also albere ich nicht unnötig herum.	🙂	😐	🙁
Wenn ich kann, helfe ich anderen.	🙂	😐	🙁
Bevor ich eventuell voreilig frage, schaue ich mir das Blatt an, lese es konzentriert durch, ob dort nicht die Lösung steht, und recherchiere selbständig. Erst dann stelle ich meiner Gruppe oder der Lehrkraft eine Frage zu meinem Bereich.	🙂	😐	🙁

Mein Fazit zur Gruppenarbeit:

Das ist eine meiner Stärken: ______________________________

____

Daran sollte ich noch arbeiten: ______________________________

____

So fand ich das Gruppenklima: ______________________________

____

M4 GRUNDLEGENDE INFORMATIONEN: UMWELT-AG

Was genau ist eigentlich eine Umwelt-AG?

Eine Umwelt-AG ist eine Arbeitsgemeinschaft, in der sich Schüler für den Umweltschutz engagieren. Sie können zum Beispiel Müll trennen, Recycling-Papier verwenden, die Mensa bzw. das Schulgebäude plastikfrei machen oder mit dem Fahrrad zur Schule fahren.

Eine Umwelt-AG kann dazu führen, dass …

- die Schule nachhaltiger wird.
- das Umweltbewusstsein der Schülerschaft steigt.
- die Gruppe praktische Erfahrungen sammelt.
- Spaß und Freude entstehen und neue Freunde gefunden werden.

Wenn du eine Umwelt-AG an deiner Schule gründen möchtest, brauchst du einige motivierte Mitschüler, mindestens eine Lehrkraft, die euch unterstützt, und die Zustimmung der Schulleitung. Außerdem solltet ihr euch überlegen, welche Themen und Projekte ihr bearbeiten wollt und wie ihr sie umsetzen könnt.

1. Besprecht in eurer Gruppe die folgende Liste und einigt euch darauf, wie ihr sie ausfüllt.

Umweltschädliches an unserer Schule	Verbesserungsidee 1	Verbesserungsidee 2

2. Stellt in der Klasse eure Listen vor und schreibt sie an die Tafel. Stimmt dann ab, welche zwei lohnendsten Verbesserungsideen von euch angegangen werden sollen.

Was müssen wir bei der Gründung einer AG beachten?

Wichtige Fragen:

- Erlaubt die Schulleitung die Gründung? Ohne Genehmigung ist diese AG nicht möglich.
- Wisst ihr, was ihr machen wollt?
- Habt ihr einen Namen? Hat er mit dem Schulnamen zu tun?
- Wer ist der Hauptansprechpartner eurer Gruppe?
- Welche Lehrkraft unterstützt euch?
- Wer von euch macht die Werbung?
- Wer von euch plant schulische Aktionen?
- Wer überlegt, mit welchen bestehenden Umwelt-Initiativen ihr euch vernetzt und stellt den Kontakt her?

3. Diskutiert gemeinsam und einigt euch bei den folgenden Punkten (eure Lehrkraft kann bei Fragen helfen):

Name der AG: ____________________

Das wollen wir erreichen:

- ____________________
- ____________________
- ____________________
- ____________________

Der/Die spricht mit der Schulleitung und stellt die Idee vor:

- ____________________
- ____________________

Dann findet das Gespräch statt:

____

Hauptansprechpartner:

____

unterstützende Lehrkraft (Aufsichtspflicht):

____

Das soll unsere erste Handlung sein:

____

M5 DIE EINZELNEN TEAMS: TEAM PLANUNG

Folgende Punkte müsst ihr bedenken:

- Wann findet unser erstes Treffen statt?

  ___

- Wo treffen wir uns?

  ___

- Wie tauschen wir uns außerhalb der Schule miteinander aus?

Name	Kontaktmöglichkeit

- Wie wollen wir uns der Schule vorstellen?

  ___

- Welche Form soll unsere erste Handlung sein?

  - ☐ Ausflug zu Vereinen/Museen/Unternehmen vor Ort
  - ☐ Informationsabend oder -stand an einem Schulfest/Elternabend (z. B. mit Fachleuten)
  - ☐ Social-Media-Beiträge
  - ☐ Interview für Schulwebseite mit Fachleuten
  - ☐ Informations-/Erklärvideo
  - ☐ Ausstellung oder Aktionstag (z. B. mit Umweltspielen für die Fünftklässler)
  - ☐ Teilnahme an Wettbewerben oder Aktionen
  - ☐ Flugblätter/Broschüren/Plakate (z. B. Tipps zur Mülltrennung, Werbung für Schulhefte aus Recyclingpapier, wiederverwendbare Brotdosen statt Frischhalte- oder Alufolie)
  - ☐ Projektwoche zum Umweltschutz
  - ☐ Tag des saisonalen/regionalen Gemüses
  - ☐ etwas anderes: ___

    ___

- Was können wir konkret an unserer Schule ändern?
  - ☐ Plastikbecher aus Automaten durch Tassen ersetzen
  - ☐ lokale Produkte verkaufen statt Süßigkeiten
  - ☐ vegetarische/vegane Gerichte in der Mensa einführen
  - ☐ Energiewächter in den Klassen einführen
  - ☐ Fahrradfahr-Tage einführen
  - ☐ Gesundes-Frühstück-Tag/Müll-Sammel-Tag/Pflanz-Tag einführen
  - ☐ Schulgarten planen
  - ☐ Second-Hand-Basar
  - ☐ etwas anderes: ______________________________

  ____

  ____

- Wer ist für was bei unserer ersten Handlung verantwortlich? Bis wann soll diese fertig sein?

Wer?	Was?	Bis wann?

M6 DIE EINZELNEN TEAMS: TEAM WERBUNG

Folgende Punkte müsst ihr bedenken:

- Wann findet unser erstes Treffen statt?

____

- Wo treffen wir uns?

____

- Wie tauschen wir uns außerhalb der Schule miteinander aus?

Name	Kontaktmöglichkeit

- Wie sollen die Leute auf uns aufmerksam werden?

☐ Poster

☐ Flyer

☐ Audiobeiträge

☐ Durchsage in der Schule

☐ Eintrag auf Schul-Internetseite

☐ Videos

☐ etwas anderes: ____

____

- Wie machen wir auf unsere erste Handlung aufmerksam?

____

____

____

____

- Welche Möglichkeiten und Vorgaben gibt es?

☐ Software: ____________________

____

☐ Internetkanäle (Schulleitung fragen): ____________________

____

☐ Erlaubnis zur Abbildung von Fotos / Videos von Schülern: ____________________

____

☐ etwas anderes: ____________________

____

- Wer ist für was bei unserer ersten Handlung verantwortlich? Bis wann soll diese fertig sein?

Wer?	Was?	Bis wann?

M7 DIE EINZELNEN TEAMS: TEAM AUßENKONTAKT

Folgende Punkte müsst ihr bedenken:

- Wann findet unser erstes Treffen statt?

____

- Wo treffen wir uns?

____

- Wie tauschen wir uns außerhalb der Schule miteinander aus?

Name	Kontaktmöglichkeit

- Welche Zeitungen gibt es in unserer Nähe und wie kontaktiert man diese?

Name	Kontaktmöglichkeit

- Wann sollen Leute zu uns kommen, um von einer Aktion zu berichten?

____

____

____

____

- Welche Fachleute gibt es, die uns helfen können? Wie kontaktieren wir diese?

Name	Kontaktmöglichkeit

- Welche Umweltschutz-Initiativen sind bei uns in der Nähe vertreten? Wie kontaktieren wir diese?

Name	Kontaktmöglichkeit

- Wer kontaktiert wen und wann geschieht das?

Wer?	Wen?	Wann?

- Kostet es Geld, wenn Fachleute für einen Abend oder ein Interview kommen?

Wer?	Kosten	

- Woher bekämen wir dieses, wenn sie bezahlt werden wollen?

____

____

____

M8 WORAUF HABEN WIR UNS GEEINIGT?

Team Planung

(Wann welche Aktionen? Wer macht was am Aktionstag? usw.):

- ______________________________
- ______________________________
- ______________________________
- ______________________________
- ______________________________

Team Werbung

(Poster, Flyer, Audiobeiträge, Internetseite, Videobeiträge usw.):

- ______________________________
- ______________________________
- ______________________________
- ______________________________
- ______________________________

Team Außenkontakt

(Zeitungen, Initiativen, Bürgermeister/Stadtverwaltungen ansprechen):

- ______________________________
- ______________________________
- ______________________________
- ______________________________
- ______________________________